Beck'sche Schwarze Reihe
Band 255

ALBERT SCHWEITZER

Die Ehrfurcht vor dem Leben

Grundtexte aus fünf Jahrzehnten

Herausgegeben von
Hans Walter Bähr

VERLAG C.H. BECK MÜNCHEN

CIP-Kurztitelaufnahme der Deutschen Bibliothek

Schweitzer, Albert:
Die Ehrfurcht vor dem Leben: Grundtexte aus 5 Jahrzehnten / Albert Schweitzer. Hrsg. von Hans Walter Bähr. – 3., durchges. u. erw. Aufl. – München: Beck, 1982.
(Beck'sche Schwarze Reihe; Bd. 255)
Bis 2. Aufl. u. d. T.: Schweitzer, Albert:
Die Lehre von der Ehrfurcht vor dem Leben
ISBN 3 406 084559
NE: Bähr, Hans Walter [Hrsg.]; GT

ISBN 3 406 08455 9

Dritte, durchgesehene und erweiterte Auflage. 1982
Einbandentwurf von Rudolf Huber-Wilkoff, München
Umschlagfoto: Erica Anderson

Satz: Fränkische Gesellschaftsdruckerei, Würzburg
Druck: C. H. Beck'sche Buchdruckerei, Nördlingen
Printed in Germany

Inhalt

Einleitung

von Hans Walter Bähr

Das Grundprinzip Albert Schweitzers, seine Forderung „Ehrfurcht vor dem Leben", gilt allen Bereichen, in denen menschliches Handeln Leben begegnet, es fördern oder schädigen kann, vom mitmenschlichen Leben, dem Verhalten des einzelnen zur Natur bis zu den zentralen Fragen der Zeit, dem Problem des Friedens, den Entwicklungen der Gesellschaft, der Kultur, der Forschung, der Umwelt.

In eindringender gedanklicher Arbeit hat Albert Schweitzer in Afrika und Europa dieses Prinzip aus theologischen und philosophischen Voraussetzungen formuliert. Das Recht des Lebens, seine freie Würde, seine Entfaltung, sein Wert – des Lebens des Menschen und der Natur – sind vielfältige und grundlegende Themen der Gegenwart. Albert Schweitzer hat die ethischen Probleme, die sich hier stellen, immer neu durchdacht; seine Texte in diesem Band, die bis 1963 reichen, geben seine Erkenntnisse wieder, von den Anfängen seiner Niederschriften über christliche Nächstenliebe und Ethik, die er in Straßburg und in Lambarene entwarf, bis zu seiner nachhaltigen Argumentation gegen die nuklearen Versuchsexplosionen. Sein Grundgedanke, von ihm als Theologe, Philosoph und Arzt mit seltener Zeugniskraft entwickelt und vorgelebt, zielt auf Solidarität mit Leben. Er lehrt und verwirklicht seinen Leitsatz, Leben zu achten und nicht zu verletzen, soweit es irgend in den Möglichkeiten steht, er verlangt die Gesinnung der „Ehrfurcht vor dem Leben", und er weist sie auf. In seinen Manuskripten wird das Prinzip systematisch begründet und beschrieben. Den

Beginn bilden Predigten in Straßburg und seine Kulturphilosophie „Kultur und Ethik" (1923); aus beiden Arbeiten finden sich Ausführungen in unserem Band. In den weiteren Jahrzehnten folgten dann die Beiträge, die hier zum erstenmal gemeinsam vorgelegt werden. Mit seiner Rede zur Verleihung des Friedensnobelpreises 1954 in Oslo und dem Friedensaufsatz von 1963 führen die Texte zu entscheidenden Gesamtproblemen der Lebenserhaltung in der gegenwärtigen Welt. Als ethischer Satz behält das Prinzip „Ehrfurcht vor dem Leben" für das Tun des einzelnen Menschen und der Gesellschaft seine bleibende Bedeutung.

Im Sommer 1963, fünf Jahrzehnte, nachdem Albert Schweitzer sein Werk in Afrika begonnen hatte, entstand der Plan, seine Grundtexte über die Ehrfurcht vor dem Leben in einem Buch zu vereinigen und durch diesen Band das Ganze seiner Erkenntnis, ihre Ausformungen, darzustellen. Im nächsten Jahr wurde die nähere Disposition getroffen; zugleich schrieb Albert Schweitzer aus Lambarene, daß er die abschließende Gestaltung mir überlassen wolle, da die Arbeit dort seine Kräfte auch in diesem hohen Lebensalter immer stärker fordere. Neue Bauten wurden damals unter Leitung des neunundachtzigjährigen Mannes errichtet, die Sorge um seine Kranken erfüllte ihn.

Es war die Phase seines Lebens, in der Albert Schweitzer ruhig und gelassen auch Fragen der Fortführung des Spitals in der Zukunft erwog. Am 2. April 1965, wenige Monate vor seinem Heimgang, sprach er in einem Brief an mich noch einmal von der Erwartung, die er mit der Herausgabe seiner ethischen Grundtexte in diesem Buche verbinde; er war zu dieser Stunde von einer großen Gewißheit über den Weg seiner Idee durchdrungen: „Die Ethik der Ehrfurcht vor dem Leben fängt an, sich in der Welt durchzusetzen ... Ich danke Dir für alles, was Du in meinem Geiste unternimmst." So reicht die Geschichte dieses Buches in die drei letzten Lebensjahre Albert Schweitzers hinein, in sein Ringen um den Frieden der Menschheit auf dieser Schwelle, um den Weg der Generationen.

In den Jahrzehnten einer unabsehbaren Problematisierung des Lebendigen durch den Menschen entstand mit Albert Schweitzers Lehre auch der ethische Begriff, der eine weitgefaßte Verantwortung für das Leben im zwischenmenschlichen Dasein und in der Natur umschließt. Das sittliche Grundprinzip Schweitzers steht in Korrelation zu der geschichtlichen und geistigen Entwicklung unserer Zeit, ihren Tendenzen, ihren Hoffnungen und ihren Lasten. Es ist, mitten in dieser Epoche und über sie hinaus, eine ethische Macht, die sich nicht in der Polemik verliert, sondern zu entschiedener Weisung vorstößt, im individuellen Raum und auf Gebieten der Gesellschaft.

Kritische, sachliche Sicht wird an dem Grundsatz Albert Schweitzers weiterarbeiten, unvoreingenommen und mit jener Strenge des Denkens, die Albert Schweitzer in seinen wissenschaftlichen Forschungen erwartet hat. Jede Analyse aber bedarf der Grundtexte dieses Buches, denn erst am Text selbst sind die Einblicke in die Zusammenhänge, in die zeitgebundenen Positionen, in die Gültigkeit und durchaus auch in den Rigorismus einer solchen These möglich. Wie immer die Erörterung über die Deutungen des Satzes der Ehrfurcht vor dem Leben verlaufen mag, so wird er doch in seiner Substanz einer der herausragenden Gedanken der Ethik der neueren Zeit bleiben, einer ihrer großen Erkenntnisakte. Die Argumente können sich wandeln, neue Auffassungen sich öffnen, doch der einmal gefundene Begriff dieser Ethik wird, wie andere ethische Sätze, im Ideengut der Kulturgemeinschaft fortleben und fortwirken. Albert Schweitzer hat diesen Durchbruch geleistet, die Probleme indessen, die Fragen werden sich nicht erschöpfen, sie sind immer neu dem Handeln aufgetragen.

Die Gesinnung der Ehrfurcht vor dem Leben steht, wie Albert Schweitzer erklärt hat, in der Nachfolge Jesu Christi, der Ethik Jesu. Theologisches Fundament und ethisch-philosophische Folgerungen sind hier nicht zu trennen, wie überhaupt der Denker Albert Schweitzer nicht in isolierten Dimensionen begriffen werden kann. Wie vielseitig seine wissenschaftlichen Leistungen sich auch entfalten, in der Ordnung und der Sprache der Fakultäten, so stammen sie doch alle aus dem einen, übergreifenden Suchen dieses Mannes. Seinen frühen Entschluß, nach Äquatorialafrika zu gehen, um Hilflosen zu helfen, hat er in Schriften und Briefen in der großen, nicht endenden Richtung gesehen, über die er auch in seinem vierten Hauptwerk, der „Mystik des Apostels Paulus", schrieb: der ständigen und tätigen Erschließung der Botschaft Jesu im Wandel der Geschichte. Die Manuskripte Albert Schweitzers über das Reich Gottes und das Denken der Menschheit, die sich in seinem Haus in Günsbach in seinem Nachlaß befinden, machen seine gesamte theologische und philosophische Position erneut deutlich; eine erste Veröffentlichung aus diesen Handschriften ist 1967 erschienen (Albert Schweitzer. Reich Gottes und Christentum. Mit einem Vorwort herausgegeben von Ulrich Neuenschwander. Verlag J. C. B. Mohr, Tübingen 1967). Ein besonderes Dokument sind seine beiden Predigten in Straßburg im Jahre 1919 über die Ehrfurcht vor dem Leben, die durch die erfahrene Herausgeberschaft von Ulrich Neuenschwander zugänglich gemacht worden sind. In diesen Überlegungen, vorgetragen in der Kirche zu St. Nicolai, hat Albert Schweitzer zum erstenmal, nach seiner Rückkehr aus Afrika am Ende des Ersten Weltkrieges, seine Ethik öffentlich dargelegt und sie aus der Kraft seiner Glaubensüberzeugung, dem Evangelium Jesu Christi, entwickelt.

Die Gewißheit, die aus der Botschaft Jesu aufgenommen wird, durchdringt sein ethisches Denken: bis zu unserem Verhalten zur Schöpfung, zum Lebendigen überhaupt, das in den Bereich unserer Verantwortung eintritt. Gegenüber der Einzelgestalt in der Natur haben wir, so weiß die Ehrfurcht vor dem Leben, immer wieder Raum und Freiheit für ethisches Helfen. Albert Schweitzer vertritt unsere sittliche Verpflichtung für lebendige Natur. Schöpfung ist uns nicht zu gedankenlosem Umgang überantwortet, sondern zu einem Handeln, das in dem Spannungsfeld zwischen den Zwangsverläufen der Zerstörung und der möglichen Freiheit ethischen Entscheidens des Menschen seinen Weg bahnt.

Die Erkenntnis Albert Schweitzers wird, durch ihn entdeckt und ausgesprochen, sich nun immer wieder mit Lebensgebieten und dem täglichen Wollen von Menschen verbinden. Schweitzer hat seine Einsicht in vielen Phasen erprobt, nicht in Hast, sondern mit der Ruhe eines langjährigen, selbstkritischen Voranschreitens. In der Realität seiner Lebenserfahrung verkörpert, beansprucht seine Auffassung, wie jede andere klare, ernste Gedankenwelt, das Recht auf objektive Würdigung ihrer Probleme, ihrer Schritte, ihrer Aussagen, ihrer formenden Grundkraft in der Wirklichkeit.

Solchen Begegnungen zu dienen, ist der Auftrag dieses Buches. Möchte es Leser finden, die zu jenem tieferen Verstehen vordringen, das die Sache selbst erlebt und sie aus diesem Bewußtsein in die eigenen Verantwortungen aufnimmt. Der Wahrheitsgehalt dieser Anschauung, im Tun vollzogen, wird auch über ihre Zukunft entscheiden, durch ihn, nicht durch eine Verteidigung, empfängt sie ihre fortdauernde Dynamik. Aus seiner Mitte wendet sich der Satz von der Ehrfurcht vor dem Leben, universell in Geist, Weite und Konzeption, an unser Handeln und Erkennen – in verhaltener Wahrnehmung eines höheren Willens.

I

Die Entstehung der Lehre der Ehrfurcht vor dem Leben und ihre Bedeutung für unsere Kultur

Lambarene, 21. 4. 1963

Von meiner frühesten Jugend an fühlte ich mich genötigt, Mitleid mit den Tieren zu haben. Ganz unfaßbar erschien mir, schon ehe ich in die Schule ging, daß ich in meinem Abendgebet nur für die Menschen beten sollte. Darum, wenn meine Mutter mit mir gebetet und mir den Gutenachtkuß gegeben hatte, betete ich heimlich ein von mir selber verfaßtes Zusatzgebet für alle lebendigen Wesen. Es lautete: „Lieber Gott, schütze und segne alles, was Odem hat, bewahre es vor allem Übel und laß es ruhig schlafen."

Einen tiefen Eindruck machte auf mich ein Erlebnis aus meinem siebenten oder achten Jahre. Mein Kamerad Heinrich Braesch und ich hatten uns Schleudern aus Gummischnüren gemacht, mit denen man kleine Steine schleudern konnte. Es war im Frühjahr, in der Passionszeit. An einem sonnigen Sonntagmorgen sagte er zu mir: „Komm, jetzt gehen wir in den Rebberg und schießen Vögel."

Dieser Vorschlag war mir schrecklich, aber ich wagte nicht zu widersprechen, aus Angst, er könnte mich auslachen.

So kamen wir in die Nähe eines kahlen Baumes, auf dem die Vögel, ohne sich vor uns zu fürchten, lieblich in den Morgen hinaussangen. Sich wie ein jagender Indianer duckend, legte mein Kamerad einen Kiesel in das Leder seiner Schleuder und spannte sie. Seinem gebieterischen Blick gehorchend, tat ich, unter furchtbaren Gewissensbissen, dasselbe, mir fest gelobend, danebenzuschießen.

In demselben Augenblick fingen die Glocken der Kirche an, in den Sonnenschein und in den Gesang der Vögel hinein zu läuten. Es war das „Erste Läuten“, das dem Hauptläuten, das die Gläubigen in die Kirche rief, um eine halbe Stunde vorausging.

Für mich war es eine Stimme aus dem Himmel. Ich warf die Schleuder weg, scheuchte die Vögel auf, daß sie wegflogen und vor der Schleuder meines Kameraden sicher waren, und floh nach Hause.

Und immer wieder, wenn die Glocken der Passionszeit in Frühlingssonnenschein und kahle Bäume hinausklingen, denke ich ergriffen und dankbar daran, wie sie mir damals das Gebot „Du sollst nicht töten“ ins Herz geläutet haben.

Das Aufkommen der Bewegung des Tierschutzes, das in meiner Jugend stattfand, machte mir einen großen Eindruck. Endlich wagten es Menschen, in der Öffentlichkeit aufzutreten und zu verkündigen, daß das Mitleid mit den Tieren etwas Natürliches sei, das zur wahren Menschlichkeit gehöre, und daß man sich dieser Erkenntnis nicht verschließen dürfe. Ich hatte den Eindruck, daß ein neues Licht in dem Dunkel der Ideen aufgegangen sei und stetig zunehmen werde.

Im Jahre 1893 fing ich an, Philosophie und Theologie auf der Universität Straßburg zu studieren. In diesen Jahren des ausgehenden Jahrhunderts erlebten wir Studenten miteinander etwas Merkwürdiges: das Bekanntwerden der so verschiedenartigen Schriften Nietzsches und Tolstois.

Friedrich Nietzsche, 1844–1900, wurde, kaum daß er sein Studium vollendet hatte, als Professor der klassischen Philologie nach Basel berufen. Aber er begnügte sich nicht mit dem Erforschen der klassischen griechischen Kultur und ihrem Geiste, sondern gab sich auch mit dem Problem der Kultur überhaupt und ihres Geistes ab. Vom Jahre 1880 ab sprach er sich gegen die in Europa mit der griechischen Philosophie und dem Christentum aufgekommene aus. Er warf ihr vor, daß in ihr der Geist der schwachen und ängstlichen Menschen herrsche. Durch sie sei die Ethik, die Liebe zu den Mitmenschen fordert, aufgekommen. Sie schufen diese Theorie, um durch sie beschützt zu werden, wie auch die Hoffnung auf ein seliges Dasein.

Die Ethik der wahren Kultur aber fordert, wie sie sich Nietzsche vorstellt, nur eine stolze und kühne Bejahung des Lebens. Der „Übermensch" hält sich nicht an die „Sklavenmoral" der Liebe, sondern an die Herrenmoral des „Willens zur Macht".

Diese neue Auffassung von dem Wesen der Kultur und der Ethik, von Nietzsche mit großartigem Pathos vorgetragen, machte auf die Menschen jener Zeit, insbesondere auch auf die Jugendlichen, einen großen Eindruck.

Gleichzeitig aber wurden in jener Zeit des zu Ende gehenden Jahrhunderts die Werke Tolstois (1828–1910) bekannt. Der russische Dichter und Denker vertrat in seinen Romanen und Erzählungen eine andere Anschauung als der germanische. Er bejahte die ethische Kultur. Sie war für ihn die tiefe Wahrheit, zu der er in seinem Erleben und Denken gelangt war. In seinen Erzählungen ließ er uns miterleben, wie er zur Erkenntnis des wahren Menschentums und der schlichten Frömmigkeit gelangt war.

So hatten wir, die Jugend des zu Ende gehenden 19ten Jahrhunderts, uns mit zwei verschiedenen Weltanschauungen auseinanderzusetzen.

In dieser Situation erlebte ich eine große Enttäuschung. Ich hatte erwartet, daß die Religion und die Philosophie miteinander kraftvoll gegen Nietzsche auftreten und ihn widerlegen würden. Dies ereignete sich nicht. Wohl sprachen sie sich gegen ihn aus. Aber meinem Empfinden nach vermochten sie es nicht und suchten sie es nicht, die ethische Kultur in so tiefer Weise zu begründen, wie es der Kampf, den Nietzsche gegen sie führte, erforderte.

Als Student kam ich in den letzten Jahren des Jahrhunderts dazu, mich mit der Frage abzugeben, ob unsere Kultur wirklich die erforderlichen ethischen Energien besäße. Dies führte mich dazu, mich mit dem Problem der Kultur und Ethik, wie es für die Philosophie von 1850 an bis zum Ende des Jahrhunderts bestand, beschäftigt zu sein.

Der Lektüre der wichtigsten in diesem Zeitraum in Europa erschienenen philosophischen Werke entnahm ich, daß sie die Kultur und die Ethik eigentlich nicht mehr als Problem empfanden, sondern sie als bestehende geistige Errungenschaften ansahen und übernahmen.

Ich konnte mich auch nicht des Eindrucks erwehren, daß diese Ethik, die man als endgültig ansah, keine große Anforderungen an die Menschen und an die Gesellschaft stellte. Sie war eine „zur Ruhe gekommene" Ethik.

Als man gegen Ende des Jahrhunderts auf allen Gebieten Rückschau und Umschau hielt, um seine Errungenschaften festzustellen und zu bewerten, geschah dies mit einem mir unfaßlichen Optimismus. Überall schien man anzunehmen, daß wir nicht nur in Erfindungen und im Wissen vorangekommen seien, sondern uns auch im Geistigen und Ethischen auf einer nie zuvor erreichten und nie mehr verlierbaren Höhe bewegten. Mir aber wollte es vorkommen, als ob wir im geistigen Leben vergangene Generationen nicht nur nicht überholt hätten, sondern daß so manche von ihren geistigen Errungenschaften zehrten ... und daß gar mancherlei von diesem Besitz uns unter den Händen zu zerrinnen begonnen.

Tief beeindruckte mich, daß ich bei so manchen Gelegenheiten feststellen mußte, daß inhumane Gedanken, wenn sie sich öffentlich kundgaben, nicht zurückgewiesen und mißbilligt wurden, sondern einfach hingenommen wurden. Die „Realpolitik" gelangte zu Ansehen. Nietzsches „Wille zur Macht" fing an, seine verhängnisvolle Rolle zu spielen. Die auf so manchen Gebieten ausgegebene Parole „Realpolitik" bereitete ihm den Weg. Es kam mir vor, als ob eine geistige und seelische Müdigkeit das arbeitsstolze und leistungsstolze Geschlecht befallen hätte.

Mehr und mehr kam ich dazu, mit der Kultur und der Ethik in den letzten Jahrzehnten des 18ten Jahrh. beschäftigt zu sein.

So beschloß ich, in einer eingehenden Studie über den geistigen Zustand der Zeit, in der ich lebte, kritisch zu berichten. Das Werk sollte den Titel „Kultur und Ethik" führen. Da ich aber den Eindruck hatte, daß wir uns in einer Periode des geistigen Niedergangs befanden, war ich versucht, es „Wir Epigonen" zu benennen.

Den Sommer 1900 verbrachte ich an der Berliner Universität. Im Hause der Witwe des großen Hellenisten Ernst Curtius traf ich öfters interessante Berliner Wissenschaftler. Eines Tages fanden sich dort zur nachmittäglichen Kaffeestunde die Mitglieder der „Preußischen Akademie der Wissenschaften" ein, die von einer Sitzung der Akademie kamen. Sie setzten eine Diskussion fort, die sie auf dieser geführt hatten. Plötzlich sagte einer der Herren, als Abschluß des Gesprächs: „Wir sind ja doch alle nur Epigonen." Dieses Wort schlug wie ein Blitz neben mir ein. Ich war also nicht der Einzige, der sich bewußt war, daß wir in einer Zeit der Epigonen lebten!

In einem der ersten Jahre des neuen Jahrhunderts nahm ich mir Zeit, die philosophischen Werke über die Ethik der letzten Jahrzehnte mit der Absicht, festzuhalten, was sie über unser Verhalten zur Kreatur zu sagen hatten, durchzugehen.

Die meisten von ihnen betrachteten diese Angelegenheit als etwas Nebensächliches. Nur wenige gingen auf sie ein.

In einigen dieser Werke glaubten die Verfasser sich sogar dafür entschuldigen zu müssen, daß sie es für geboten hielten, den Tieren Teilnahme zu erzeigen, wo sie sich doch auf einer anderen Stufe als wir befänden. Kaum hie und da war in einem der Werke zu lesen, daß man dem Mitleid mit den Tieren größere Beachtung zu schenken habe.

Mir aber stand fest, daß man der Forderung des gütigen Verhaltens gegen die Tiere einen Platz auch in der philosophischen Ethik zuzugestehen habe. Es stünde dieser, meinte ich, gut an, den Freunden des Tierschutzes zu Hilfe zu kommen und ihr Unternehmen vom Standpunkt des Denkens aus zu rechtfertigen.

Im Frühjahr 1913 fuhr ich mit meiner Frau, nachdem ich das Studium der Medizin vollendet hatte, nach Französisch-Äquatorialafrika, um auf der 1872 von der amerikanischen Presbyterianer Missionsgesellschaft in Lambarene gegründeten Missionsstation ein Spital zu gründen. Durch elsässische Missionare, die in jener Gegend tätig waren, hatte ich erfahren, daß man dort eines Arztes dringend bedürfe. Es war die Zeit des Kampfes gegen die Schlafkrankheit, die in Äquatorialafrika furchtbare Verheerungen anrichtete.

In meinem Gepäck brachte ich genug philosophische Werke mit, um an „Wir Epigonen" weiter arbeiten zu können.

Im August 1914 brach der erste Weltkrieg aus. Dadurch kam ich in Französisch-Äquatorialafrika in eine üble Lage. Als Elsässer besaßen meine Frau und ich die deutsche Nationalität. Dies hatte uns nicht gehindert, in die französische Kolonie zu kommen und hier ein Spital zu gründen. Aber nun, da man sich im Kriege befand und meine Frau und ich Deutsche waren, mußten wir als ennemis angesehen und behandelt werden.

Gleich am Abend des ersten Kriegstages wurde uns mitgeteilt, daß wir uns als Gefangene zu betrachten hätten. Wir durften in unserm Hause bleiben, mußten aber jeglichen Verkehr mit Weißen oder Schwarzen aufgeben. Als Wächter kamen vor unser Haus ein schwarzer Unteroffizier und vier schwarze Soldaten.

Da mir die Arbeit im Spital verboten war, hatte ich nun Zeit, mich mit dem Stoffe, den ich seit Jahren in mir herumtrug, und der durch das Ausbrechen des Krieges aktuell geworden war, dem Problem von „Kultur und Ethik", zu beschäftigen.

Nunmehr wütete der Krieg als eine Erscheinung des Niederganges der Kultur. „Wir Epigonen" als Titel des Werkes kam für mich nun nicht mehr in Betracht.

Warum nur Kritik an der Kultur? Warum sich damit begnügen, uns als Epigonen zu analysieren? Die Zeit erforderte nunmehr aufbauende Arbeit.

Nun begann ich nach dem Grunde des geistigen Ereignisses, daß die ethische Kultur, wie es sich aus dem Aufkommen des Krieges ergab, kraftlos geworden war, zu suchen. Mit diesem Unternehmen blieb ich beschäftigt auch als Ende November unsere Internierung aufgehoben wurde. Solches geschah, weil Weiße und Schwarze sich darüber beschwerten, daß sie eines einzigen Arztes auf weit und breit ohne ersichtlichen Grund beraubt sein sollten. Auch hatten sich meine Freunde in Paris bei der Regierung dafür eingesetzt, daß ich anständig behandelt würde.

Neben der Arbeit, die ich nun wieder im Spital zu tun hatte, fand ich doch noch Zeit, weiterhin mit dem Problem des Kraftloswerdens der ethischen Kultur beschäftigt zu bleiben.

Nunmehr hatte ich es mit der fundamentalen Frage zu tun, wie eine Dauer habende, tiefere und lebendigere ethische Kultur aufkommen könne.

Die Genugtuung, das Problem erkannt zu haben, hielt nicht lange an. Monat auf Monat verging, ohne daß ich in seiner Lösung auch nur um einen Schritt vorangekommen war. Alles, was ich aus der Philosophie über Ethik wußte, ließ mich im Stich.

Die armseligen Skizzen der Arbeit nahm ich mit mir, als ich mich mit meiner Frau, ihrer Gesundheit wegen, gegen Ende des Sommers 1915 nach Cap Lopez am Meer begab.

Im September 1915 bekam ich dort Nachricht, daß auf der Missionsstation N'Gômô die Frau des Schweizer Missionars Pelot erkrankt war und man mein Kommen erwartete.

Nun mußte ich also auf dem Ogowefluß 200 Kilometer stromaufwärts fahren. Als einzige alsbaldige Fahrgelegenheit fand ich einen gerade im Abfahren begriffenen kleinen, alten Dampfer, der zwei überladene, große Kähne zu schleppen hatte. An Bord befanden sich außer mir nur einige Schwarze. Da ich mich in der Eile nicht hatte verproviantieren können, erlaubten sie mir, aus ihrem Kochtopf mitzuessen.

Nur langsam kamen wir auf dem Strom, den wir hinauf fuhren, voran. Es war die trockene Jahreszeit. Wir mußten uns unseren Weg zwischen großen Sandbänken hindurch suchen.

Ich saß auf einem der Schleppkähne. Ich hatte mir vorgenommen, mich auf dieser Fahrt ganz in das Problem des Aufkommens einer Kultur, die größere ethische Tiefe und Energie besäße als die unsere, versunken zu bleiben. Blatt um Blatt beschrieb ich mit unzusammenhängenden Sätzen, nur um auf das Problem konzentriert zu bleiben. Müdigkeit und Ratlosigkeit lähmten mein Denken.

Am Abend des dritten Tages, als wir uns beim Sonnenuntergang in der Nähe des Dorfes Igendja befanden, mußten wir einer Insel in dem über einen Kilometer breiten Fluß entlang fahren. Auf einer Sandbank, zur linken, wanderten vier Nilpferde mit ihren Jungen in derselben Richtung wie wir. Da kam ich, in meiner großen Müdigkeit und Verzagtheit plötzlich auf das Wort „Ehrfurcht vor dem Leben", das ich, so viel ich weiß, nie gehört und nie gelesen hatte. Alsbald begriff ich, daß es die Lösung des Problems, mit dem ich mich abquälte, in sich trug. Es ging mir auf, daß die Ethik, die nur mit unserem Verhältnis zu den andern Menschen zu tun hat, unvollständig ist und darum nicht die völlige Energie besitzen kann.

Solches vermag nur die Ethik der Ehrfurcht vor dem Leben. Durch sie kommen wir dazu, nicht nur mit Menschen, sondern mit aller in unserm Bereich befindlichen Kreatur in Beziehung zu stehen und mit ihrem Schicksal beschäftigt zu sein, um zu vermeiden, sie zu schädigen, und entschlossen zu sein, ihnen in ihrer Not beizustehen, soweit wir es vermögen. Klar war mir alsbald, daß diese elementare völlige

Ethik eine ganz andere Tiefe, eine ganz andere Lebendigkeit, eine ganz andere Energie besitze als die sich nur mit dem Menschen abgebende.)

Durch die Ethik der Ehrfurcht vor dem Leben gelangen wir in ein geistiges Verhältnis zum Universum. Die Verinnerlichung, die wir durch sie erlebten, verleiht uns den Willen und die Fähigkeit, eine geistige, ethische Kultur zu schaffen, durch die wir in einer höheren Weise als der bisherigen in der Welt daheim sind und in ihr wirken. Durch die Ethik der Ehrfurcht vor dem Leben werden wir andere Menschen.

Ich konnte es nicht fassen, daß mir der Weg zur tieferen und stärkeren Ethik, den ich vergebens gesucht hatte, wie im Traum offenbar geworden war.

Nun war ich fähig, das geplante Werk über Kultur und Ethik zu schreiben. Bei Anbruch der Nacht kamen wir in N'Gômô an. Zwei Tage hatte ich mit der erkrankten Missionarsfrau zu tun. Nachher fand ich Gelegenheit, wieder ans Meer hinunter zu fahren. Nach einigen Tagen kehrten meine Frau und ich nach Lambarene zurück.

*

Hier ging ich dann daran, das Werk über Kultur und Ethik zu skizzieren. Der Plan war einfach. In dem ersten Teil hatte ich einen Überblick über die Ansichten von Kultur und der Ethik, wie sie bei den bedeutenden Denkern der Vergangenheit und der Gegenwart zu finden waren, zu geben.

In dem zweiten hatte ich mich mit dem Wesen der Ethik, der Ehrfurcht vor dem Leben und mit ihrer Bedeutung für die Kultur zu beschäftigen.

(Die fundamentale Tatsache des Bewußtseins des Menschen lautet: „Ich bin Leben, das leben will, inmitten von Leben, das leben will.")

Der denkend gewordene Mensch erlebt die Nötigung, allem Willen zum Leben die gleiche Ehrfurcht vor dem Leben entgegenzubringen, wie dem seinen. Er erlebt das andere

Leben in dem seinen. Als gut gilt ihm, Leben erhalten, Leben fördern, entwickelbares Leben auf seinen höchsten Wert bringen. Als böse: Leben vernichten, Leben schädigen, entwickelbares Leben niederhalten. Dies ist das denknotwendige, universelle, absolute Grundprinzip des Ethischen.

Die bisherige Ethik ist unvollkommen, weil sie es nur mit dem Verhalten der Menschen zum Menschen zu tun zu haben glaubte. In Wirklichkeit aber handelt es sich darum, wie der Mensch sich zu allem Leben, in seinem Bereich befindlichen Leben, verhält. Ethisch ist er nur, wenn ihm das Leben als solches heilig ist, das der Menschen und das aller Kreatur.

Nur die Ethik des Erlebens der ins Grenzenlose erweiterten Verantwortung gegen alles, was lebt, läßt sich im Denken begründen. Die Ethik des Verhaltens von Mensch zu Mensch ist nicht etwas für sich, sondern etwas, das sich aus jenem Allgemeinen ergibt. Die Ehrfurcht vor dem Leben, zu der wir Menschen gelangen müssen, begreift also alles in sich, was als Liebe, Hingebung, Mitleiden, Mitfreude, Mitstreben in Betracht kommen kann. Wir müssen uns von dem gedankenlosen Dahinleben frei machen.

Nun aber sind wir alle dem rätselhaften und grausigen Schicksal unterworfen, in die Lage zu kommen, unser Leben nur auf Kosten andern Lebens erhalten zu können und durch Schädigen, ja auch durch Vernichtung von Leben, fort und fort schuldig zu werden.

Als ethische Wesen versuchen wir fort und fort, dieser Notwendigkeit, soweit es uns möglich ist, zu entrinnen. Wir dürsten danach, Humanität bewahren zu dürfen und Erlösung von Leiden bringen zu können.

Die in dem denkend gewordenen Willen zum Leben entstehende Ehrfurcht vor dem Leben enthält also Lebensbejahung und Ethik miteinander und ineinander. Sie geht darauf aus, Fortschritte zu verwirklichen und Werte zu schaffen, die der materiellen, geistigen und ethischen Höherentwicklung des Menschen und der Menschheit dienen.

Während die gedankenlose Welt- und Lebensbejahung in Idealen des Wissens, des Könnens und des Mächtigwerdens umherirrt, ist das Ideal des wahren und tiefen Denkens die geistige und ethische Vollendung des Menschen und der Menschheit, und das Aufkommen einer ethischen Kultur, die den Frieden will und dem Krieg entsagt.

Nur das Denken, in dem die Gesinnung der Ehrfurcht vor dem Leben zur Macht kommt, ist fähig, die Zeit des Friedens in unserer Welt anbrechen zu lassen. Alle diplomatische äußerliche Bemühung um den Frieden bleibt erfolglos.

Eine neue Renaissance muß kommen, viel größer als die, in der wir aus dem Mittelalter herausschritten: die große Renaissance, in der die Menschheit dazu gelangt, von dem armseligen Wirklichkeitssinn, in dem sie dahinlebt, zur Gesinnung der Ehrfurcht vor dem Leben fortzuschreiten. Nur durch die wahrhaft ethische Kultur wird unser Leben sinnvoll, nur durch sie kann der Mensch davor bewahrt werden, in sinnlosen, grausigen Kriegen zugrunde zu gehen. Sie allein kann den Friedenszustand in der Welt anbrechen lassen.

*

Im September 1917 wurde uns mitgeteilt, daß wir, wie alle Kriegsgefangenen in den französischen Kolonien, alsbald nach Europa gebracht werden sollten. Dieser Befehl ging vom Kriegsminister Clemenceau aus. Er befürchtete, daß wir in den Kolonien nicht streng genug überwacht würden. Die Gefangenen der Westküste Afrikas sollten nach Bordeaux gebracht werden.

Zum Glück hatte das Schiff, das für unsere Europafahrt in Betracht kam, einige Tage Verspätung, so daß wir Zeit hatten, unsere Sachen zu verpacken und in einer Wellblechbaracke der Mission unterzustellen. Aufs Schiff durften wir nur 50 Kilo Gepäck mitnehmen.

Die Skizzen der Kulturphilosophie mitzunehmen war unmöglich. Sie war ja auf deutsch geschrieben. Bei irgendeiner

Visitation unseres Gepäcks auf dem Schiff oder beim Landen wären sie mir von irgend einem Unteroffizier weggenommen worden.

Also vertraute ich sie meinem lieben Freunde, dem amerikanischen Missionare Ford an, der der Missionsstation zu Lambarene angehörte. Dieser hätte, wie er mir gestand, das Paket am liebsten in den Fluß geworfen, weil er Philosophie für unnötig und schädlich hielt. Aber aus christlicher Liebe wollte er es aufbewahren, um es mir am Ende des Krieges zukommen zu lassen.

Also konnte ich, einigermaßen beruhigt, mit meiner Frau die uns auferlegte Reise nach Bordeaux antreten.

Von Bordeaux aus kamen wir in das große Interniertenlager von Garaison. Das große Kloster von Garaison (provenzalisch für guérison) war im Mittelalter ein berühmter Wallfahrtsort, zu dem die Leute aus dem fernen Rußland wallfahrten. Seit der Trennung von Kirche und Staat, wie sie in Frankreich einige Jahre zuvor eingeführt worden war, hatte es leer gestanden und war im Verfall begriffen gewesen, bis bei Kriegsausbruch Hunderte von Angehörigen feindlicher Staaten, Männer, Frauen und Kinder darin untergebracht wurden. Im Laufe eines Jahres wurde es durch die Handwerker, die sich unter den Internierten befanden, wieder einigermaßen instandgesetzt.

Der Direktor des Lagers, der zu unserer Zeit dort war, ein pensionierter Kolonialbeamter namens Vecchi, war Theosoph und waltete seines Amtes nicht nur mit Gerechtigkeit, sondern auch mit Güte, was um so mehr anerkannt wurde, als sein Vorgänger streng und hart gewesen war.

Merkwürdigerweise war ich der einzige Arzt unter den vielen Internierten. Zuerst verbot mir der Direktor, mich mit Kranken abzugeben, da dies die Sache des amtlich bestellten Lagerarztes wäre, eines alten Landarztes aus der Gegend. Nach einigen Wochen aber hielt er es doch für richtig, daß mein Beruf als Arzt dem Lager zu gute käme. Er stellte mir ein Zimmer für meine ärztliche Tätigkeit zur Verfügung und gab mir überdies noch eins für meine Frau und mich dazu.

So war ich nun wieder Arzt geworden. Was mir an freier Zeit verblieb, verwandte ich auf „Kultur und Ethik". Ich machte mich daran, die Skizzen dieses Werkes aus dem Gedächtnis niederzuschreiben für den Fall, daß ich das in Lambarene verbliebene Original nicht zurück erhielte.

Im Frühjahr 1918 kam Befehl aus Paris, daß meine Frau und ich in das ausschließlich für Elsässer bestimmte Lager von Saint Rémy de Provence in Südfrankreich zu bringen seien. Vergebens hatte der Direktor des Lagers, um diesem den Arzt zu erhalten, gebeten, diesen Befehl rückgängig zu machen. Auch das Lager zu Saint Rémy befand sich in einem verlassenen Kloster. Da einer der Internierten Arzt war, hatte ich mit Kranken vorerst nichts zu tun und konnte mich den ganzen Tag mit den Skizzen von „Kultur und Ethik" beschäftigen. Als der Kollege später ausgetauscht wurde und nach Hause durfte, wurde ich Lagerarzt. Nun war die Arbeit hier nicht so groß wie in Garaison.

Um meiner Frau willen freute ich mich sehr, daß uns Mitte Juli 1918 eröffnet wurde, daß wir alle gegen in Deutschland in Gefangenschaft befindliche Franzosen ausgetauscht würden. Schon in den nächsten Tagen sollten wir über die Schweiz nach dem Elsaß heimkehren dürfen.

Die in Garaison und Saint Rémy verfaßten Skizzen von „Kultur und Ethik", die ich schon vorher dem Zensor des Lagers vorgelegt hatte, durfte ich, nachdem er viele Seiten derselben mit seinem Stempel versehen hatte, mit mir nehmen. Nun war ich sicher, daß mir sie auf der Heimreise niemand mehr wegnehmen könne.

In Straßburg bot mir der Bürgermeister die Stelle eines Assistenzarztes im Bürgerspital an, die ich mit Freuden annahm. Zugleich wurde ich wieder Prediger an der Kirche Sankt Nicolai, die verwaist war, weil ihr elsässischer Pfarrer wegen allzu deutscher Gesinnung nach Deutschland ausgewiesen worden war. Als Wohnung hatte ich nun das Pfarrhaus.

Die karge Freizeit, die mir die beiden Ämter ließen, verwandte ich natürlich auf die neue Niederschrift von „Kultur und Ethik". Sie wurde größer und vollständiger als die, die ich in Lambarene zurückgelassen hatte.

Einige Tage vor Weihnachten 1919 erhielt ich eine telegraphische Einladung des schwedischen Erzbischofs Nathan Söderblom, der zugleich Rektor der Universität zu Uppsala war, an dieser, nach Ostern 1920, im Auftrag der „Olaus-Petri-Stiftung" eine Reihe von Vorlesungen zu halten. Also galt ich noch etwas in Europa! Bisher war ich mir vorgekommen wie ein unter einen Kasten gerollter Groschen.

Dem Erzbischof schlug ich „Kultur und Ethik" als Gegenstand der Vorlesungen vor. Er ging darauf ein.

In Uppsala fand ich nun zum ersten Mal ein Echo auf die Gedanken, die ich viele Jahre in mir herumgetragen hatte.

In der letzten Vorlesung, in der ich die Grundgedanken der Ehrfurcht vor dem Leben zusammenfaßte, war ich so bewegt, daß ich nur mit Mühe sprechen konnte. Bewegt waren aber auch die Zuhörer durch die neue und tiefere Begründung der Ethik. Sie fand auch die Zustimmung von Erzbischof Söderblom. Von jenem Tage an verband uns eine tiefe Freundschaft.

Als er erfuhr, daß schwere Schulden, die ich während des Krieges für den Betrieb des Spitals zu Lambarene gemacht hatte, auf mir lasteten, riet er mir, es mit Orgelkonzerten und Vorträgen in Schweden, wo damals vom Kriege her viel Geld im Lande war, zu versuchen und versah mich mit Empfehlungen nach verschiedenen Städten.

Im Verlaufe von mehreren Wochen brachte ich auf diese Weise so viel Geld zusammen, daß ich nicht nur die für das Spital gemachten Schulden abtragen konnte, sondern auch noch wieder etwas Geld besaß, um das Spital in Lambarene weiter zu führen.

Kurz nachdem ich nach Straßburg zurückgekehrt war, erhielt ich daselbst durch die Post das Paket mit der ersten Skizze von „Kultur und Ethik“, das ich dem Missionar Ford in Lambarene anvertraut hatte. So stand mir für die Ausarbeitung des definitiven Textes dieses Werkes auch die erste Fassung desselben zur Verfügung.

Im Verlauf dieses ersten Europaaufenthaltes nach dem ersten Weltkrieg fand ich noch weiter Gelegenheit, die Ideen von „Kultur und Ethik“ in Vorlesungen an den Universitäten von Oxford, Cambridge, Kopenhagen und Prag vorzutragen. Überall brachte man ihnen Interesse und Verständnis entgegen. Ich durfte erfahren, daß man sich Rechenschaft der Überlegenheit dieser elementaren Begründung der Ethik über die anderen gab.

In Unterhaltungen, die ich über die Ethik der Ehrfurcht vor dem Leben zu führen hatte, bekam ich öfters zu hören, daß meine Botschaft eigentlich eine Wiederholung der des heiligen Franziskus von Assisi (1182–1226) sei. Darauf war ich schon von selber gekommen. Von meiner Studentenzeit her war ich ein Verehrer dieses tiefsten der Heiligen.

Er hat die Verbrüderung der Menschen mit der Kreatur als eine himmlische Botschaft verkündet. Für seine Zuhörer war sie eine fromme Dichtung. Sie kamen nicht dazu, sich zu einem Versuch ihrer Verwirklichung auf Erden aufzuraffen. In der Frömmigkeit des von Franziskus gegründeten Ordens lebt sie in der Stille und Verborgenheit weiter.

In der Ethik der Ehrfurcht vor dem Leben tritt sie als eine elementare, unabweisbare Verwirklichung heischende Forderung menschlichen Denkens auf.

*

Zu Beginn des Jahres 1923 war der Text von „Kultur und Ethik“ druckreif. Wie aber einen Verleger finden? Die Aussichten in dieser Hinsicht waren durchaus ungünstig. In Deutschland schwärmte man damals von Spenglers faszinierendem, glänzend geschriebenem Werk „Der Untergang des Abendlandes". Für Spengler war die abendländische Kultur etwas geschichtlich entstandenes, geschichtlich zur Blüte gelangtes, geschichtlich verblühendes und zu Ende kommendes. Diese tragische Betrachtungsweise entsprach dem Geiste der Zeit nach dem ersten Weltkrieg. Spengler erforschte nicht, was überhaupt Kultur sei, sondern schilderte das geschichtliche Schicksal einer Kultur.

Wie konnte ich mich da, mit meinem Versuch der rechten Begründung der Ethik und der Kultur, sehen lassen? Mutlos unterließ ich es, für die Veröffentlichung meines Buches mit irgend einem Verleger in Verbindung zu treten.

Auf Bitte von Frau Emmy Martin, der Witwe eines mit mir eng befreundeten früh verstorbenen elsässischen Pfarrers, die mir in der Erledigung meiner Korrespondenz behülflich war, übergab ich ihr das Manuskript, als sie zum Besuch einer Freundin nach München fuhr. Sie wollte dort versuchen, einen Verleger zu finden. Sie kannte keinen. Also machte sie der Verlagbuchhandlung C. H. Beck, an der sie bei einem Gange vorbeikam, einen Besuch und bat deren Direktor sprechen zu können. Als dessen Vertreter stellte sich ein Herr Albers vor. Auf seine Frage nach ihrem Begehren sagte sie ihm, daß sie einen Verleger für ein Buch von mir suche. Er nahm das Manuskript in Empfang, durchflog die ersten Seiten. Dann sagte er: „Wir übernehmen dieses Manuskript ungelesen zur Veröffentlichung. Albert Schweitzer ist uns kein Unbekannter."

Zufällig war Beck auch der Verleger von Spenglers Buch über die Kultur. So wurde ich mit ihm bekannt. Statt uns zu bekämpfen wurden wir Freunde und setzten uns als solche über unsere Auffassungen von Kultur auseinander.

„Kultur und Ethik" erschien 1923. Zwischen Herrn Albers und mir kam es zu einer tiefen Freundschaft. –

*

Im Februar 1924 kehrte ich nach Lambarene zurück. Auch von hier aus blieb ich mit der Welt in Verbindung. Da ich nun nicht mehr der einzige Arzt meines immer größer werdenden Spitales war, sondern zwei oder drei andere neben mir hatte, konnte ich von Zeit zu Zeit zu längeren oder kürzeren Aufenthalten nach Europa fahren. Immer wieder hatte ich Gelegenheit, an Universitäten über Kultur und die Ethik der Ehrfurcht vor dem Leben Vorlesungen zu halten und auch sonst mit Wort und Schrift für sie einzutreten.

Ich hatte auch die Freude, feststellen zu können, daß sie mehr und mehr Anerkennung fand, nicht nur in Europa, sondern auch in der Welt, besonders in Japan, in Indien und in Amerika.

In der Zeit des zweiten Weltkrieges verblieb ich fast zehn Jahre (1939–1948) in Lambarene, zeitweise war ich in diesen Jahren wieder der einzige Arzt in meinem Spital.

Ich hatte diesen Krieg kommen sehen und deswegen alle Mittel, die ich besaß, dazu verwandt, einen großen Vorrat von Medikamenten zu beschaffen, weil wir im Krieg wiederum von der Welt abgeschnitten sein würden. Der Vorrat reichte bis Mitte 1942. Als er zu Ende war, traf eine große Sendung von Medikamenten in Lambarene ein. Mir unbekannte Ärzte der USA ließen sie mir zugehen. Dies war möglich, weil zu jener Zeit des Krieges der Verkehr zwischen Äquatorialafrika und den USA wieder möglich geworden war.

Im August 1948 kam ich wieder nach Europa und machte die Erfahrung, daß durch den Krieg und seine Greuel die Menschen für die Idee der Ehrfurcht vor dem Leben noch empfänglicher geworden waren.

Im Juli 1949 weilte ich für vier Wochen in den USA, weil ich bei der in Aspen stattfindenden Feier des zweihundertsten Geburtstages Goethes die Festrede zu halten hatte. Nun machte ich die Bekanntschaft der unbekannten Freunde, die

1942 meinem Spital durch die große Sendung von Medikamenten aus der Not geholfen hatten.

Bei Besuchen von Städten und Universitäten erlebte ich, daß die Lehre der Ehrfurcht vor dem Leben bekannt war und die Gemüter beschäftigte. Besonderes Ansehen genoß sie in Boston.

Bei einem kurzen Europaaufenthalt im Jahre 1951 erhielt ich den Besuch von Frau Ella Krieser, der Rektorin einer großen Schule der Stadt Hannover. Sie kam, um mir mitzuteilen, daß in ihrer Schule die Lehre der Ehrfurcht vor dem Leben gelehrt werde. Die Kinder hätten ein großes Verständnis für sie und bemühten sich miteinander, sie in ihrem Verhalten zu betätigen. Unter dem Einfluß dieser Lehre hätte eine geistige Veränderung bei ihnen stattgefunden. Ich blieb mit dieser Rektorin in Verbindung. Bei einem späteren Aufenthalt in Europa besuchte ich ihre Schule und hatte Gespräche mit den Kindern. (Sie hatten alles Kindische abgelegt.) Das Bewußtsein, schon in ihrem Alter die Pflicht zu haben, mit den Geschöpfen gütig umzugehen, machte sie froh und ernst.

Heute sind es viele Schulen in der Welt, in denen die Ehrfurcht vor dem Leben gelehrt wird.

Alles, was ich über das Bekanntwerden und die Wirkung der Lehre der Ehrfurcht vor dem Leben erfahren und erleben darf, bestärkt mich in der Überzeugung, daß sie die elementare Wahrheit ist, deren die Menschheit bedarf, um zur rechten Geistigkeit zu gelangen und sich von ihr leiten zu lassen.

Für unsere Generation hat dies noch eine besondere Bedeutung. Unsere Inhumanität ist ja größer geworden als die der früheren Geschlechter. Dadurch, daß wir in Besitz von Atomwaffen gekommen sind, hat für uns die Möglichkeit und die Versuchung, Leben zu vernichten, ins Unermeßliche zugenommen. Durch die großartigen Fortschritte der Technik ist die Fähigkeit grausigster Vernichtung von Leben zum Schicksal der heutigen Menschheit geworden.

Von diesem Schicksal kommen wir nur los durch die Abschaffung der Atomwaffen. Das Elend, in dem wir uns befinden werden, wenn uns dies nicht bald gelingt, ist nicht auszudenken.

Seit Jahren bemühen sich die Regierungen der Atomwaffen besitzenden Länder, durch zwischen ihnen geführten Verhandlungen sich über die Abschaffung der Atomwaffen einig zu werden. Es gelingt ihnen nicht. Alle Vorschläge, die sie sich gegenseitig machen, sind ja unvermögend, das zum gegenseitigen Verzicht auf Atomwaffen erforderliche große gegenseitige Vertrauen zu schaffen.

Vertrauen ist etwas Geistiges. Es kann nur in geistigem Geschehen entstehen. Dieses erforderliche Geistige ist das Aufkommen der Gesinnung der Ehrfurcht vor dem Leben in den Völkern unserer Zeit. Sie haben kein Bewußtsein davon, daß sie in grauenhafter Weise unmenschlich sind, weil sie in Gedankenlosigkeit die Verwendung von Atomwaffen in Betracht ziehen, die an einem Tage Hunderte von Millionen Menschen vernichten können. In dieser Gedankenlosigkeit dürfen wir nicht verbleiben.

Ermöglicht wird die Abschaffung der Atomwaffen erst dadurch, daß in den Völkern eine öffentliche Meinung entsteht, die sie verlangt und garantiert.

Die dazu erforderliche Gesinnung kann nur durch die Ehrfurcht vor dem Leben geschaffen werden.

Der Gang der Geschichte der Menschheit bringt es mit sich, daß nicht nur die Einzelnen durch die Ethik der Ehrfurcht vor dem Leben ethische Persönlichkeiten werden müssen, sondern auch die Völker.

II

Die Ehrfurcht vor dem Leben

Erste öffentliche Darlegung
Aus der Predigt zu St. Nicolai in Straßburg
am 23. Februar 1919

Gut ist: Leben erhalten und fördern; schlecht ist: Leben hemmen und zerstören. Sittlich sind wir, wenn wir aus unserm Eigensinn heraustreten, die Fremdheit den anderen Wesen gegenüber ablegen und alles, was sich von ihrem Erleben um uns abspielt, miterleben und miterleiden. In dieser Eigenschaft erst sind wir wahrhaft Menschen; in ihr besitzen wir eine eigene, unverlierbare, fort und fort entwickelbare, sich orientierende Sittlichkeit. –

Die Ehrfurcht vor dem Leben und das Miterleben des andern Lebens ist das große Ereignis für die Welt. Die Natur kennt keine Ehrfurcht vor dem Leben. Sie bringt tausendfältig Leben hervor in der sinnvollsten Weise und zerstört es tausendfältig in der sinnlosesten Weise. Durch alle Stufen des Lebens hindurch bis in die Sphäre des Menschen hinan ist furchtbare Unwissenheit über die Wesen ausgegossen. Sie haben nur den Willen zum Leben, aber nicht die Fähigkeit des Miterlebens, was in andern Wesen vorgeht; sie leiden, aber sie können nicht mitleiden. Der große Wille zum Leben, der die Natur erhält, ist in rätselhafter Selbstentzweiung mit sich selbst. Die Wesen leben auf Kosten des Lebens anderer Wesen. Die Natur läßt sie die furchtbarsten Grausamkeiten begehen. Sie leitet Insekten durch Instinkt an, mit ihrem Stachel Insekten anzubohren und ihre Eier in sie hineinzulegen, daß das, was sich aus dem Ei entwickelt, von der

Raupe leben und sie damit zu Tode quälen soll. Sie leitet die Ameisen an, sich zusammenzutun und ein armes kleines Wesen anzufallen, um es zu Tode zu hetzen. Schaue der Spinne zu! Wie grauenvoll ist das Handwerk, das sie die Natur gelehrt!

Die Natur ist schön und großartig, von außen betrachtet, aber in ihrem Buch zu lesen, ist schaurig. Und ihre Grausamkeit ist so sinnlos! Das kostbarste Leben wird dem niedersten geopfert. Einmal atmet ein Kind Tuberkelbazillen ein. Es wächst heran, gedeiht, aber Leiden und früher Tod sitzen in ihm, weil diese niedersten Wesen sich in seinen edelsten Organen vermehren. Wie oft packte mich in Afrika das Entsetzen, wenn ich das Blut eines Schlafkranken untersuchte. Warum saß der Mann mit leidenverzerrtem Gesicht da und stöhnte: Oh, mein Kopf, mein Kopf! Warum mußte er Nächte hindurch weinen und elend sterben? Weil da, unter dem Mikroskop, feine, kleine, blasse Körperchen zehn bis vierzehn tausendstel Millimeter lang vorhanden waren – oh nicht viele, oft nur ganz wenige, so daß man zuweilen Stunden suchen mußte, um nur eines zu entdecken!

So steht auch durch die rätselhafte Entzweiung in dem Willen zum Leben Leben gegen Leben und schafft dem andern Leiden und Tod, schuldlos schuldig. Die Natur lehrt grausigen Egoismus, nur dadurch auf kurze Zeit unterbrochen, daß sie in die Wesen den Trieb gelegt hat, dem Leben, das von ihnen abstammt, so lange es ihrer bedarf, Liebe und Helfen entgegenzubringen. Aber daß das Tier seine Jungen mit Selbstaufopferung bis zum Tode liebt, also hier mitfühlen kann, macht es nur noch schrecklicher, daß ihm das Mitleiden für die Wesen, die nicht in dieser Weise mit ihm zusammengehören, versagt ist.

Die Welt, dem unwissenden Egoismus überantwortet, ist wie ein Tal, das im Finstern liegt; nur oben auf den Höhen liegt Helligkeit. Alle müssen in dem Dunkel leben, nur eines darf hinaus, das Licht schauen: Das höchste, der Mensch. Er darf zur Erkenntnis der Ehrfurcht vor dem Leben gelangen, er darf zu der Erkenntnis des Miterlebens und Mitleidens gelangen, aus der Unwissenheit heraustreten, in der die übrige Kreatur schmachtet.

Und diese Erkenntnis ist das große Ereignis in der Entwicklung des Seins. Hier erscheinen die Wahrheit und das Gute in der Welt; das Licht glänzt über dem Dunkel; der tiefste Begriff des Lebens ist erreicht, das Leben, das zugleich Miterleben ist, wo in einer Existenz der Wellenschlag der ganzen Welt gefühlt wird, in einer Existenz das Leben als solches zum Bewußtsein seiner selbst kommt . . . das Einzeldasein aufhört, das Dasein außer uns in das unsrige hereinflutet.

Wir leben in der Welt und die Welt lebt in uns. Um diese Erkenntnis selbst türmen sich die Rätsel. Warum gehen Naturgesetz und Sittengesetz so auseinander? Warum kann unsere Vernunft nicht einfach übernehmen und fortbilden, was ihr als Äußerung des Lebens in der Natur entgegentritt, sondern muß mit ihrem Erkennen in einen so ungeheuren Gegensatz zu allem, was sie sieht, kommen? Warum muß sie ganz andere Gesetze in sich entdecken, als die, die die Welt regieren? Warum muß sie mit der Welt zerfallen, wo sie den Begriff des Guten erreicht? Warum müssen wir diesen Widerstreit erleben, ohne Hoffnung, ihn jemals ausgleichen zu können? Warum statt der Harmonie die Zerrissenheit? Und weiter. Gott ist die Kraft, die alles erhält. Warum ist der Gott, der sich in der Natur offenbart, die Verneinung von allem, was wir als sittlich empfinden, nämlich zugleich sinnvoll Leben aufbauende und sinnlos Leben zerstörende Kraft? Wie bringen wir Gott, die Naturkraft, in eins mit Gott, dem sittlichen Willen, dem Gott der Liebe, wie wir ihn uns vorstellen müssen, wenn wir uns zu höherem Wissen vom Leben, zur Ehrfurcht vor dem Leben, zum Miterleben und Mitleiden erhoben haben? –

Statt unsere Sittlichkeit in einer geschlossenen Weltanschauung und in einem einheitlichen Gottesbegriff festigen zu können, müssen wir sie immer gegen die Widersprüche aus der Weltanschauung schützen, die wie eine vernichtende Brandung gegen sie heranströmen. Wir müssen einen Damm aufführen – und wird er halten?

Das andere, was uns die Fähigkeit und den Willen zum Miterleben bedroht, ist die sich immer wieder aufdrängende Überlegung: Es nützt ja nichts! Was du tust und kannst, um Leiden zu verhüten, um Leiden zu mildern, um Leben zu erhalten, ist ja doch nichts im Vergleich mit dem, was geschieht auf der Welt, um dich herum, ohne daß du etwas dazu tun kannst. Gewiß, es ist furchtbar, sich vorstellen zu müssen, in wie vielem wir ohnmächtig sind, ja, wie viel Leid wir selbst andern Wesen schaffen, ohne es verhindern zu können.

Du gehst auf einem Waldpfad; die Sonne scheint in hellen Flecken durch die Wipfel hindurch; die Vögel singen; tausend Insekten summen froh in der Luft. Aber dein Weg, ohne daß du etwas dafür kannst, ist Tod. Da quält sich eine Ameise, die du zertreten, dort ein Käferchen, das du zerquetscht, dort windet sich ein Wurm, über den dein Fuß gegangen. In das herrliche Lied vom Leben klingt die Melodie von dem Weh und Tod, die von dir, dem unschuldig Schuldigen kommen, hinein. Und so fühlst du in allem, was du Gutes tun willst, die furchtbare Ohnmacht, zu helfen wie du wolltest. Dann kommt die Stimme des Versuchers und sagt dir: Warum dich denn quälen? Es hilft nichts. Gib es auf, werde gleichgültig, werde gedankenlos und gefühllos wie die andern.

Noch eine andere Versuchung tritt auf. Mitleiden heißt Leiden. Wer einmal das Weh der Welt in sich erlebt, der kann nicht mehr glücklich werden in dem Sinne, wie der Mensch es möchte. In den Stunden, die ihm Zufriedenheit und Freude bringen, ist er nicht imstande, sich unbefangen dem Behagen hinzugeben, sondern das Weh, das er miterlebt, ist da. Er hat gegenwärtig, was er geschaut. Er gedenkt des Armen, den er angetroffen, des Kranken, den er geschaut, des Menschen, von dessen schwerem Schicksal er gelesen – und Dunkel fällt in die Helligkeit seiner Freude. Und so fort und fort. In der fröhlichen Gesellschaft ist er plötzlich geistesabwesend. Und da sagt der Versucher wieder: So kann man nicht leben. Man muß absehen können von dem, was um einen vorgeht. Nur keine so große Empfindsamkeit. Erziehe dich zur notwendigen Gefühllosigkeit, leg einen Panzer an, werde gedankenlos wie die andern, wenn du vernünftig leben willst. Zuletzt kommen wir dann so weit, daß wir uns schämen, das große Miterleben und das große Mitleiden zu kennen. Wir verheimlichen es voreinander und tun, als wäre es uns etwas Törichtes, so etwas, das man ablegt, wenn man anfängt ein vernünftiger Mensch zu werden.

Dies sind die drei großen Versuchungen, die uns unversehens die Voraussetzung, aus der das Gute kommt, zugrunde richten. Seid wachsam gegen sie. Der ersten begegne, indem du dir sagst, das Mitleiden und Mithelfen ist für dich eine innere Notwendigkeit. Alles, was du tun kannst, wird in Anschauung dessen, was getan werden sollte, immer nur ein Tropfen statt eines Stromes sein; aber es gibt deinem Leben den einzigen Sinn, den es haben kann und macht es wertvoll. Wo du bist, soll, so viel an dir ist, Erlösung sein, Erlösung von dem Elend, das der in sich selbst entzweite Wille zum Leben in die Welt gebracht hat, Erlösung, wie sie nur der wissende Mensch bringen kann. Das Wenige, das du tun kannst, ist viel – wenn du nur irgendwo Schmerz und Weh und Angst von einem Wesen nimmst, sei es Mensch, sei es irgend eine Kreatur. Leben erhalten ist das einzige Glück.

Der anderen Versuchung, daß das Miterleben dessen, was um dich vorgeht, Leiden für dich ist, begegne dadurch, daß du dir bewußt wirst, daß mit dem Mitleiden zugleich die Fähigkeit des Mitfreuens gegeben ist. Mit der Abstumpfung gegen das Mitleiden verlierst du zugleich das Miterleben des Glücks der andern. Und so wenig das Glück ist, das wir in der Welt erschauen, so ist doch das Miterleben des Glückes um uns herum mit dem Guten, das wir selbst schaffen können, das einzige Glück, welches uns das Leben erträglich macht. Und zuletzt hast du gar nicht das Recht zu sagen: Ich will so sein oder so, weil du meinst, daß du so glücklicher bist als anders, sondern du mußt sein, wie du sein mußt, wahrer wissender Mensch, Mensch, der mit der Welt lebt, Mensch, der die Welt in sich erlebt; ob du damit nach der gewöhnlichen Auffassung glücklicher bist oder nicht, ist gleichgültig. Nicht das Glücklichsein verlangt die geheimnisvolle Stimme in uns, – ihr zu gehorchen ist das einzige, was befriedigen kann.

So sage ich euch, laßt euch nicht abstumpfen, bleibt wach! Es geht um eure Seele. Wenn ich in diesen Worten, in denen ich das Innerste meiner Gedanken preisgebe, euch, die ihr jetzt hier seid, zwingen könnte, daß ihr den Trug, mit dem uns die Welt einschläfern will, zerreißt, daß keiner von euch mehr gedankenlos sein kann, daß ihr nicht mehr davor erschauert, die Ehrfurcht vor dem Leben und das große Miterleben kennenlernen zu müssen, euch darin zu verlieren, dann wäre ich zufrieden und würde meine Tätigkeit als gesegnet ansehen ...

„Leben" präzisieren! Erklärungen finden!

III

Forderungen und Wege

Das Denken muß danach streben, das Wesen des Ethischen an sich zum Ausdruck zu bringen. Dabei kommt es dazu, Ethik als Hingebung an Leben zu bestimmen, die durch Ehrfurcht vor dem Leben motiviert ist. Mag das Wort Ehrfurcht vor dem Leben als sehr allgemein etwas unlebendig klingen, so ist doch das, was damit bezeichnet wird, etwas, das den Menschen, in dessen Gedanken es einmal aufgetreten ist, nicht mehr losläßt. Mitleid, Liebe, und überhaupt alles wertvoll Enthusiastische sind in ihm gegeben. Mit rastloser Lebendigkeit arbeitet die Ehrfurcht vor dem Leben an der Gesinnung, in die sie hineingekommen ist, und wirft sie in die Unruhe einer niemals und nirgends aufhörenden Verantwortlichkeit hinein. Wie die sich durch die Wasser wühlende Schraube das Schiff, so treibt die Ehrfurcht vor dem Leben den Menschen an.

Aus innerer Nötigung entstehend, ist die Ethik der Ehrfurcht vor dem Leben nicht davon abhängig, inwieweit und inwiewenig sie sich zu einer befriedigenden Lebensanschauung auszudenken vermag. Sie braucht nicht auf die Frage Antwort zu geben, was das auf Erhaltung, Förderung und Steigerung von Leben gehende Wirken ethischer Menschen im Gesamtverlaufe des Weltgeschehens bedeuten kann. Sie läßt sich nicht irre machen durch die Erwägung, daß die von ihr geübte Erhaltung und Vollendung von Leben neben der gewaltigen, in jedem Augenblick durch Naturgewalten erfolgenden Vernichtung von Leben fast nicht in Betracht kommt. Wirken wollend, darf sie doch alle Probleme des Erfolges ihres Wirkens dahingestellt sein lassen. Bedeutungsvoll für die Welt ist die Tatsache an sich, daß in dem ethisch gewordenen Menschen ein von Ehrfurcht vor dem Leben und Hingebung an Leben erfüllter Wille zum Leben in der Welt auftritt. –

Ihre Wahrheit erweist die Ethik der Ehrfurcht vor dem Leben auch darin, daß sie das verschiedenartig Ethische in seinem Zusammenhang begreift. Keine Ethik hat noch das Streben nach Selbstvervollkommnung, in dem der Mensch ohne Taten nach außen an sich selbst arbeitet, und die tätige Ethik in ihrem Nebeneinander und Ineinander darstellen können. Die Ethik der Ehrfurcht vor dem Leben vermag es, und zwar so, daß sie nicht nur Schulfragen löst, sondern auch Vertiefung der ethischen Einsicht bringt.

Ethik ist Ehrfurcht vor dem Willen zum Leben in mir und außer mir. Aus der Ehrfurcht vor dem Willen zum Leben in mir kommt zuerst die tiefe Lebensbejahung der Resignation. Ich erfasse meinen Willen zum Leben nicht nur als etwas, das sich in glücklichen Ereignissen auslebt, sondern zugleich als etwas, das sich selber erlebt. Lasse ich mir dieses Selbsterleben nicht in Gedankenlosigkeit entschwinden, sondern verharre ich darin, es als wertvoll zu empfinden, so geht mir das Geheimnis der geistigen Selbstbehauptung auf. Ungeahnte Freiheit von den Schicksalen des Lebens wird mir zuteil. In Augenblicken, wo ich gemeint hätte, zerschmettert zu sein, fühle ich mich gehoben in dem unaussprechlichen, zu meiner eigenen Überraschung erfahrenen Glück des Freiseins von der Welt, und erlebe darin eine Läuterung meiner Lebensanschauung. Resignation ist die Halle, durch die wir in die Ethik eintreten. Nur der, der in vertiefter Hingebung an den eigenen Willen zum Leben innerliche Freiheit von den Ereignissen erfährt, ist fähig, sich in tiefer und stetiger Weise anderm Leben hinzugeben. –

Nur subjektive Entscheide kann der Mensch in den ethischen Konflikten treffen. Niemand kann für ihn bestimmen, wo jedesmal die äußerste Grenze der Möglichkeit des Verharrens in der Erhaltung und Förderung von Leben liegt. Er allein hat es zu beurteilen, indem er sich dabei von der aufs höchste gesteigerten Verantwortung gegen das andere Leben leiten läßt.

Nie dürfen wir abgestumpft werden. In der Wahrheit sind wir, wenn wir die Konflikte immer tiefer erleben. Das gute Gewissen ist eine Erfindung des Teufels. –

Allen aber, in welcher Lebenslage sie sich auch befinden mögen, tut die Ethik der Ehrfurcht vor dem Leben dies an, daß sie sie zwingt, fort und fort mit allen Menschenschicksalen und Lebensschicksalen, die sich um sie herum abspielen, innerlich beschäftigt zu sein und dem Menschen, der einen Menschen braucht, sich als Mensch zu geben. Dem Gelehrten erlaubt sie nicht, nur seiner Wissenschaft zu leben, auch wenn er darin sehr nützlich ist. Dem Künstler erlaubt sie nicht, nur seiner Kunst zu leben, auch wenn er damit vielen etwas gibt. Dem Vielbeschäftigten erlaubt sie nicht, zu meinen, daß er mit seiner beruflichen Tätigkeit alle Leistung erfüllt habe. Von allen verlangt sie, daß sie ein Stück ihres Lebens an Menschen hingeben. In welcher Art und in welchem Maße ihm dies bestimmt ist, soll der Einzelne den Gedanken entnehmen, die in ihm entstehen, und den Schicksalen, in denen sich sein Leben bewegt. Des einen Opfer ist nach außen unscheinbar. Er vollbringt es, indem er dabei in einem normalen Leben verbleibt. Der andere ist zu auffälliger Hingabe berufen und muß daher die Rücksicht auf eigenes Fortkommen beiseite setzen. Keiner maße sich ein Urteil über den andern an. In tausend Arten hat sich die Bestimmung der Menschen zu erfüllen, damit sich das Gute verwirkliche. Was er als Opfer zu bringen hat, ist das Geheimnis jedes Einzelnen. Miteinander aber müssen wir alle wissen, daß unser Dasein seinen wahren Wert erst bekommt, wenn wir etwas von der Wahrheit des Wortes „Wer sein Leben verliert, der wird es finden" in uns erleben.

Die ethischen Konflikte zwischen der Gesellschaft und dem Einzelnen rühren daher, daß dieser nicht nur persönliche, sondern auch überpersönliche Verantwortung trägt. Wo nur meine Person in Frage steht, darf ich immer geduldig sein, immer verzeihen, immer Nachsicht üben, immer barmherzig sein. Jeder von uns kommt aber in die Lage, daß er nicht nur für sich, sondern auch für eine Sache verantwortlich ist und dann zu Entscheidungen genötigt wird, die gegen die persönliche Sittlichkeit gehen. –

Je umfassender das Wirken eines Menschen ist, desto mehr kommt er in die Lage, seiner überpersönlichen Verantwortung etwas von seiner Menschlichkeit opfern zu müssen. Aus diesem Konflikt will das gewöhnliche Überlegen mit dem Entscheide herauskommen, daß die allgemeine Verantwortung die persönliche prinzipiell außer Kraft setze. In diesem Sinne redet die Gesellschaft dem Einzelnen zu. Zur Beruhigung der Gewissen, denen dieser Entscheid zu kategorisch ist, legt sie vielleicht noch einige Grundsätze vor, die in allgemeingültiger Weise zu bestimmen unternehmen, wie weit allenfalls persönliche Sittlichkeit mitreden dürfe.

Der gewöhnlichen Ethik bleibt nichts übrig, als diese Kapitulation zu unterschreiben. Sie hat nicht die Mittel, die Festung der persönlichen Sittlichkeit zu verteidigen, weil sie nicht über absolute Begriffe von Gut und Böse verfügt. Nicht so die Ethik der Ehrfurcht vor dem Leben. Sie besitzt ja, was der andern abgeht. Darum übergibt sie die Festung niemals, auch wenn diese ständig eingeschlossen ist. Sie fühlt sich in der Lage, sie dauernd zu halten und die Belagerer durch ständige Ausfälle in Atem zu halten.

Nur die allgemeinste und absolute Zweckmäßigkeit der Erhaltung und Förderung von Leben, auf die die Ehrfurcht vor dem Leben gerichtet ist, ist ethisch. Alle andere Notwendigkeit oder Zweckmäßigkeit ist nicht ethisch, sondern nur mehr oder weniger notwendige Notwendigkeit, oder mehr oder weniger zweckmäßige Zweckmäßigkeit. In dem Konflikte zwischen der Erhaltung meines Daseins und der Vernichtung und Schädigung anderen Daseins kann ich das Ethische und das Notwendige niemals zu einem relativ Ethischen vereinigen, sondern muß mich zwischen ethisch und notwendig entscheiden und, wenn ich das letztere wähle, es auf mich nehmen, durch Schädigung von Leben schuldig zu werden. Ebenso darf ich nicht meinen, in dem Konflikte zwischen persönlicher und überpersönlicher Verantwortung das Ethische und das Zweckmäßige zu einem relativ Ethischen ausgleichen zu können, oder gar das Ethische durch das Zweckmäßige außer Kraft setzen zu dürfen, sondern ich muß mich zwischen beiden entscheiden. Unterwerfe ich mich, unter dem Druck der überpersönlichen Verantwortung, dem Zweckmäßigen, so werde ich irgendwie schuldig durch Verfehlung gegen die Ehrfurcht vor dem Leben.

Die Versuchung, das durch die überpersönliche Verantwortung gebotene Zweckmäßige mit dem Ethischen zu einem relativ Ethischen zusammenzulegen, ist besonders groß, weil dafür geltend gemacht werden kann, daß der, der überpersönlicher Verantwortung gehorcht, unegoistisch handelt. Nicht seiner Einzelexistenz oder seinem Einzelwohlergehen opfert er andere Existenz oder anderes Wohlergehen, sondern er opfert Einzelexistenz und Einzelwohlergehen dem, was sich in Ansehung der Existenz oder des Wohlergehens einer Mehrheit als zweckmäßig aufdrängt. Aber ethisch ist mehr als unegoistisch! Ethisch ist nur die Ehrfurcht meines Willens zum Leben vor jedem andern Willen zum Leben. Wo ich irgendwie Leben opfere oder schädige, bin ich nicht in der Ethik, sondern ich werde schuldig, sei es egoistisch schuldig, zur Erhaltung meiner Existenz oder meines Wohlergehens, sei es unegoistisch schuldig, zur Erhaltung einer Mehrzahl anderer Existenzen oder ihres Wohlergehens.

Dieser so naheliegende Irrtum, die aus unegoistischen Überlegungen kommende Verletzung der Ehrfurcht vor dem Leben als ethisch gelten zu lassen, ist die Brücke, über die hinweg die Ethik unversehens in das Gebiet des Nichtethischen gelangt. Sie muß abgebrochen werden.

Ethik geht nur so weit, als die Humanität, das heißt die Rücksicht auf die Existenz und auf das Glück des einzelnen Menschenwesens geht. Wo die Humanität aufhört, beginnt Pseudoethik. Der Tag, an welchem diese Grenze einmal allgemein anerkannt und allen sichtbar abgesteckt werden wird, wird einer der bedeutungsvollsten in der Geschichte der Menschheit sein. Von da an wird es nicht mehr geschehen können, daß Ethik, die nicht mehr Ethik ist, als wirkliche Ethik gilt und Menschen und Völker betört und zugrunde richtet.

Dadurch, daß die bisherige Ethik uns darüber hinwegtäuschte, in wie vielfacher Weise jeder von uns, sei es in Selbstbehauptung, sei es im Handeln nach überpersönlicher Verantwortung, fort und fort schuldig wird, hat sie verhindert, daß wir so ernst wurden, wie wir sein müssen. Das wahre Wissen besteht darin, von dem Geheimnis, daß alles um uns herum Wille zum Leben ist, ergriffen zu sein und einzusehen, wie schuldig wir fort und fort an Leben werden.

Von Pseudoethik betört, taumelt der Mensch wie ein Trunkener in der Schuld herum. Wissend und ernst geworden, sucht er den Weg, der ihn am wenigsten in Schuld hineinführt.

Für uns alle besteht die Versuchung, die Schuld der Inhumanität, die aus dem Wirken in überpersönlicher Verantwortung kommt, dadurch herabzusetzen, daß wir uns möglichst auf uns selbst zurückziehen. Aber diese Schuldlosigkeit ist erschlichen. Weil die Ethik in Welt- und Lebensbejahung auftritt, erlaubt sie uns diese Flucht in die Weltverneinung nicht. Sie verbietet uns, der Hausfrau zu gleichen, die das Töten des Aals der Köchin überläßt, und zwingt uns, alle Pflichten überpersönlicher Verantwortung, die wir vor uns sehen, zu übernehmen, auch wenn wir in der Lage wären, sie mit mehr oder weniger guten Gründen abzulehnen.

Jeder von uns hat sich also, soweit er durch seine Lebensumstände dazu geführt wird, in Wirken in überpersönlicher Verantwortung zu betätigen. Aber dies haben wir nicht in der Gesinnung der Kollektivität, sondern in der von ethisch sein wollenden Menschen zu tun. In jedem einzelnen Falle ringen wir darum, bei dem Wirken in überpersönlicher Verantwortung so viel Humanität zu wahren, als nur immer möglich ist. Und im Zweifelsfalle wagen wir, uns lieber zugunsten der Humanität als zugunsten des zu erreichenden Zwecks zu irren. Wissend und ernst geworden bedenken wir, was man gewöhnlich nicht bedenkt: daß alles irgendwie öffentliche Wirken es nicht nur mit Tatsachen, die im Interesse der Kollektivität zu verwirklichen sind, zu tun hat, sondern auch mit Schaffung von Gesinnung, die der Kollektivität förderlich ist. Die Schaffung von solcher Gesinnung ist wichtiger als das, was unmittelbar in Tatsachen erreicht wird. Öffentliches Wirken, in dem nicht bis zum äußersten gehende Anstrengung zur Wahrung der Humanität ist, ruiniert die Gesinnung. Wer in überpersönlicher Verantwortung, wo es geboten scheint, einfach Menschen und Glück von Menschen opfert, erreicht etwas. Aber er gelangt nicht zur Höchstleistung. Er hat nur äußere, aber keine geistige Macht. Geistige Macht haben wir nur, wenn die Menschen uns anmerken, daß wir nicht kalt nach ein für allemal festgelegten Prinzipien entscheiden, sondern in jedem einzelnen Falle um unsere Humanität kämpfen. Zu wenig ist von diesem Ringen unter uns vorhanden. Zu sehr handeln wir, von dem Kleinsten an, der im kleinsten Betrieb etwas ist, bis zum politischen Machthaber hinauf, der Krieg und Frieden in der Hand hält, als Menschen, die es ohne Anstrengung fertigbringen, gegebenen Falles nicht mehr Menschen, sondern nur noch Vollstrecker allgemeiner Interessen zu sein. Darum ist unter uns kein Vertrauen mehr zu einer durch Menschlichkeit erleuchteten Gerechtigkeit. Wir haben auch keine wirkliche Achtung mehr voreinander. Alle fühlen wir uns einer kalten, sich in Prinzipien versteifenden, unpersönlichen und gewöhnlich noch unintelligenten Opportunitätsmentalität ausgeliefert, die, um kleinste Interessen zu verwirklichen, größter Inhumanität und größter Torheit fähig ist. Darum steht bei uns unpersönliche Opportunitätsgesinnung gegen unpersönliche Opportunitätsgesinnung. Alle Probleme werden in unzweckmäßigem Machtkampfe ausgetragen, weil keine Gesinnung vorhanden ist, die sie lösbar macht.

Nur durch unser Ringen um Humanität werden Kräfte, die in der Richtung des wahrhaft Vernunftgemäßen und Zweckmäßigen wirken, in der unter uns geltenden Gesinnung mächtig. Darum hat der in überpersönlicher Verantwortung wirkende Mensch sich nicht nur dem durch ihn zu verwirklichenden Erfolge, sondern auch der zu schaffenden Gesinnung verantwortlich zu fühlen. –

So bringen wir die Grundsätze, Gesinnungen und Ideale der Kollektivität in Auseinandersetzung mit der Humanität. Damit gestalten wir sie vernunftgemäß, denn nur das wahrhaft Ethische ist wahrhaft vernunftgemäß. Nur insoweit als ethische Überzeugungen und Ideale in der geltenden Gesinnung vorhanden sind, ist sie fähig, sich wahrhaft zweckmäßig zu betätigen.

Die Ethik der Ehrfurcht vor dem Leben gibt uns die Waffen gegen die Trugethik und die Trugideale in die Hand. Kraft, sie zu führen, haben wir aber nur insoweit, als wir – ein jeder in seinem Leben – Humanität bewahren. Erst, wenn der Menschen, die in Gedanken und Handlungen Humanität mit der Wirklichkeit in Auseinandersetzung bringen, viele werden, hört Humanität auf, als eine sentimentale

Idee zu gelten und wird, was sie sein soll, ein Sauerteig der Gesinnung der Einzelnen in der Gesellschaft. – –

*

Die in dem denkend gewordenen Willen zum Leben entstandene Ehrfurcht vor dem Leben enthält Welt- und Lebensbejahung und Ethik ineinander und miteinander. Sie kann also nicht anders, als fort und fort alle Ideale ethischer Kultur denken und wollen und sie mit der Wirklichkeit in Auseinandersetzung bringen.

Die Ehrfurcht vor dem Leben läßt die rein individualistische und innerliche Auffassung der Kultur, wie sie im indischen Denken und in der Mystik herrscht, nicht gelten. Daß der Mensch in der Zurückziehung auf sich selbst Vervollkommnung erstrebt, ist ihr ein tiefes, aber unvollständiges Ideal von Kultur.

In keiner Weise erlaubt die Ehrfurcht vor dem Leben dem Einzelnen, das Interesse an der Welt aufzugeben. Fort und fort zwingt sie ihn, mit allem Leben um ihn herum beschäftigt zu sein und sich ihm verantwortlich zu fühlen. Wo Leben in Betracht kommt, dessen Entwicklung durch uns beeinflußt werden kann, geht unsere Beschäftigung mit ihm und unsere Verantwortung gegen es nicht nur darauf, daß wir seine Existenz als solche erhalten und fördern, sondern auch darauf, daß wir es in jeder Hinsicht auf seinen höchsten Wert zu bringen suchen.

Das durch uns in seiner Entwicklung beeinflußbare Wesen ist der Mensch. Die Ehrfurcht vor dem Leben nötigt uns also zum Vorstellen und Wollen aller Fortschritte, deren der Mensch und die Menschheit fähig sind. Sie wirft uns in rastloses Vorstellen und Wollen von Kultur hinein, aber als ethische Menschen.

Auch unvertiefte Welt- und Lebensbejahung bringt Vorstellen und Wollen von Kultur hervor. Aber sie läßt den Menschen sich mehr oder weniger ratlos darin bemühen. In der Ehrfurcht vor dem Leben und dem damit gegebenen Wollen, Menschen und Menschheit in jeder Hinsicht auf ihren höchsten Wert zu bringen, besitzt er jedoch die Orientierung, die ihn zu vollständigen, geläuterten und sich zielbewußt mit der Wirklichkeit auseinandersetzenden Idealen der Kultur leitet.

Von außen, rein empirisch definiert, besteht vollständige Kultur darin, daß alle an sich möglichen Fortschritte des Wissens und Könnens und der Vergesellschaftung der Menschen verwirklicht werden und auf die innerliche Vollendung des Einzelnen, als auf das eigentliche und letzte Ziel der Kultur, zusammenwirken. Die Ehrfurcht vor dem Leben ist imstande, diese Auffassung von Kultur zu vervollständigen und von innen heraus zu begründen. Sie tut es dadurch, daß sie die innerliche Vollendung des Menschen inhaltlich bestimmt und sie in der Erreichung der Geistigkeit einer sich immer vertiefenden Ehrfurcht vor dem Leben bestehen läßt.

Um den von dem Menschen und der Menschheit zu verwirklichenden materiellen und geistigen Fortschritten einen Sinn beilegen zu können, muß die gewöhnliche Vorstellung von Kultur eine Evolution der Welt annehmen, in der sie sinnvoll sind. Damit begibt sie sich in Abhängigkeit von einem ergebnislosen Phantasieren. Eine Evolution der Welt, in der die von dem Menschen und der Menschheit verwirklichte Kultur etwas bedeutet, läßt sich nicht dartun.

In der Ehrfurcht vor dem Leben hingegen erkennt die Kultur, daß sie gar nichts mit Weltevolution zu tun hat, sondern ihre Bedeutung in sich selber trägt. Das Wesen der Kultur besteht darin, daß die in unserem Willen zum Leben nach Geltung ringende Ehrfurcht vor dem Leben sich in den einzelnen Menschen und in der Menschheit immer mehr durchsetzt. Kultur ist also nicht eine Erscheinung einer Weltevolution, sondern ein Erlebnis des Willens zum Leben in uns, das wir mit dem Weltgeschehen, wie wir es von außen erkennen, nicht in Beziehung bringen können und auch nicht in Beziehung zu setzen brauchen. Als Vollendung unseres Willens zum Leben genügt es sich selber. Was die in uns stattfindende Entwicklung in der Totalität der Weltentwicklung bedeutet, lassen wir als unerforschlich dahingestellt. Daß es infolge aller den Menschen und der Menschheit erreichbaren Fortschritte auf der Welt möglichst viel Willen zum Leben gebe, der an allem in seinen Wirkungsbereich kommenden Leben Ehrfurcht vor dem Leben betätigt und in der Geistigkeit der Ehrfurcht vor dem Leben Vollendung sucht: dies und nichts anderes ist Kultur. So sehr trägt sie ihren Wert in sich selber, daß uns sogar die Gewißheit eines in absehbarer Zeit eintretenden Aufhörens der Menschheit nicht in dem Bemühen um Kultur irre machen könnte.

Als Entwicklung, in der sich das höchste Erlebnis des Willens zum Leben auslebt, hat die Kultur eine Weltbedeutung, ohne einer Welterklärung zu bedürfen.

Der von der Ehrfurcht vor dem Leben erfüllte Wille zum Leben ist in der denkbar lebendigsten und stetigsten Weise für alle Arten von Fortschritten interessiert. Dabei besitzt er ein Maß, sie in der richtigen Weise zu bewerten, und vermag eine Gesinnung hervorzubringen, die sie alle miteinander in der zweckmäßigsten Weise zusammenwirken läßt.

Drei Arten von Fortschritt kommen für die Kultur in Betracht: Fortschritte des Wissens und Könnens, Fortschritte in der Vergesellschaftung der Menschen, Fortschritte der Geistigkeit.

Vier Ideale machen die Kultur aus: das Ideal des Menschen, das Ideal der sozialen und politischen Vergesellschaftung, das Ideal der geistig-religiösen Vergesellschaftung, das Ideal der Menschheit. Aufgrund dieser vier Ideale setzt sich das Denken mit den Fortschritten auseinander.

Die Fortschritte des Wissens haben eine unmittelbare geistige Bedeutung, wenn sie im Denken verarbeitet werden.

Immer mehr lassen sie uns erkennen, daß alles, was ist, Kraft, das heißt Wille zum Leben ist; immer weiter ziehen sie uns den Kreis des Willens zum Leben, den wir in Analogie mit dem unsrigen erfassen können. Was bedeutet es doch für unser Nachdenken über die Welt, daß wir in der Zelle eine Lebensindividualität entdeckt haben, in deren Fähigkeiten der Betätigung und des Erleidens wir die Elemente unserer Vitalität wiederfinden! Durch das sich erweiternde Wissen werden wir zu immer größerem Staunen über das uns allenthalben umgebende Geheimnis des Lebens angeregt. Aus naiver Naivität gelangen wir zu tiefer Naivität.

Aus dem Wissen kommt aber auch Macht über die Kräfte der Natur. Unsere Beweglichkeit und unsere Aktivität werden in außerordentlicher Weise gesteigert. Eine weitgehende Veränderung unserer Lebensumstände findet statt.

Die damit gegebenen Fortschritte sind aber nicht ebensoviele Vorteile für die Entwicklung des Menschen. Durch die Macht, die wir über die Kräfte der Natur erhalten, befreien wir uns von ihr und machen sie uns dienstbar. Zugleich aber lösen wir uns damit auch von ihr los und begeben uns in Lebensbedingungen, deren Unnatürlichkeit mannigfache Gefahren bringt.

Die Kräfte der Natur machen wir uns in der Maschine dienstbar. Als ein Schüler des Kungtse (Confucius), so wird in den Schriften des Dschuang Dsi (Tschuangtse) erzählt, einen Gärtner sah, der, um Wasser zum Begießen seiner Beete zu holen, jedesmal mit dem Gefäß in den Brunnen hinunterstieg, fragte er ihn, ob er sich die Arbeit nicht erleichtern wolle. „Wieso denn?" erwiderte dieser. Kungtses Schüler sprach: „Man nimmt einen hölzernen Hebelarm, der hinten beschwert und vorne leicht ist. Auf diese Weise kann man das Wasser schöpfen, daß es nur so sprudelt. Man nennt das einen Ziehbrunnen." Da antwortete der Gärtner, der ein Weiser war: „Ich habe meinen Lehrer sagen hören: Wenn einer Maschinen benützt, so betreibt er alle seine Geschäfte maschinenmäßig; wer seine Geschäfte maschinenmäßig betreibt, der bekommt ein Maschinenherz; wenn aber einer ein Maschinenherz in der Brust hat, dem geht die reine Einfalt verloren."

Die von jenem Gärtner im fünften Jahrhundert vor Christus geahnten Gefahren treten unter uns in ihrer ganzen Schwere auf. Rein mechanische Arbeit ist das Los vieler um uns her geworden. Vom eigenen Haus und vom eigenen nährenden Boden losgelöst, leben sie in einer drückenden, materiellen Unfreiheit. Durch die Umwälzung, die die Maschine hervorgerufen hat, sind wir fast alle einem allzu geregelten, allzu eingeengten und allzu anstrengenden Arbeitsdasein unterworfen worden. Selbstbesinnung und Sammlung sind uns schwer gemacht. Das Familienleben und die Erziehung der Kinder leiden not. Alle sind wir mehr oder weniger in Gefahr, Menschendinge statt Persönlichkeiten zu werden. Vielfache materielle und geistige Schädigung der Menschenexistenz ist also die Schattenseite der Errungenschaften des Wissens und Könnens.

Unsere Kulturfähigkeit selbst wird in Frage gestellt. Von schwerstem Kampf ums Dasein ganz in Anspruch genommen, sind viele unter uns nicht mehr imstande, Ideale, die auf Kultur gehen, zu denken. Sie bringen die Objektivität dafür nicht mehr auf. All ihr Sinnen ist nur auf Verbesserung ihres eigenen Daseins gerichtet. Die Ideale, die sie hierfür aufstellen, geben sie als Kulturideale aus und stiften damit Verwirrung in der Vorstellung von der Kultur an.

Um der Lage, wie sie durch die Folgen der sowohl förderlichen als schädigenden Errungenschaften des Wissens und Könnens geschaffen ist, gewachsen zu sein, müssen wir das Ideal des Menschen denken und mit den Umständen ringen, daß sie die Entwicklung des Menschen zu diesem Ideal möglichst wenig hemmen und möglichst viel fördern.

Das Ideal des Kulturmenschen ist kein anderes als das des Menschen, der in allen Verhältnissen wahres Menschentum bewährt. Für uns bedeutet Kulturmenschen sein beinahe, daß wir trotz der Zustände der modernen Kultur Menschen bleiben. Nur das Besinnen auf alles, was zum wahren Menschentum gehört, kann uns davor bewahren, daß wir uns in den Zuständen fortgeschrittenster äußerer Kultur von der Kultur selbst verirren. Erst wenn die Sehnsucht, wieder wahrhaft Mensch zu werden, in dem modernen Menschen entzündet wird, kann er sich aus der Verirrung heimfinden, in der er jetzt, von Wissensdünkel und Könnensstolz geblendet, herumwandelt. Nur dann ist er auch in der Lage, dem Drucke der Lebensverhältnisse, die sein Menschentum bedrohen, entgegenzuarbeiten.

Als Ideal des materiellen und geistigen Seins des Menschen stellt die Ehrfurcht vor dem Leben also auf, daß er in möglichster Ausbildung aller seiner Fähigkeiten und in möglichst weitgehender materieller und geistiger Freiheit darum ringe, gegen sich selbst wahrhaftig zu sein und allem Leben um ihn herum miterlebende und helfende Teilnahme entgegenzubringen. In ernster Beschäftigung mit sich selbst soll er sich immer alle Verantwortungen, die für ihn gegeben sind, gegenwärtig halten und so als Leidender und Handelnder, in seinem Verhalten zu sich selbst und zur Welt, lebendige Geistigkeit bewähren. Als wahres Menschentum schwebe ihm vor, in der tiefen Welt- und Lebensbejahung der Ehrfurcht vor dem Leben ethisch zu sein.

Ist als Ziel der Kultur anerkannt, daß jeder Mensch in einem möglichst menschenwürdigen Dasein zu wahrem Menschentum gelangen soll, so kann die kritiklose Überschätzung des Äußerlichen der Kultur, wie wir sie von dem ausgehenden neunzehnten Jahrhundert übernommen haben, unter uns nicht weiterbestehen. Immer mehr kommen wir in ein Überlegen hinein, das uns zwischen dem Wesentlichen und dem Unwesentlichen der Kultur unterscheiden läßt. Der geistlose Kulturdünkel verliert seine Macht über uns. Wir wagen der Wahrheit ins Auge zu schauen, daß mit den Fortschritten des Wissens und Könnens die Kultur nicht leichter, sondern schwerer geworden ist. Das Problem der Wechselbeziehungen zwischen dem Materiellen und dem Geistigen geht uns auf. Wir wissen, daß wir alle mit den Verhältnissen um unser Menschentum zu ringen haben und Sorge tragen müssen, den fast aussichtslosen Kampf, den viele um ihr Menschentum führen, wieder zu einem aussichtsvollen zu gestalten.

Als geistige Hilfe in diesem Kampfe bringen wir ihnen die Gesinnung entgegen, daß nie ein Mensch als Menschending den Verhältnissen geopfert werden soll. Von sogenannten Denkern formuliert und in allen möglichen Fassungen populär geworden, geht die Überzeugung unter uns um, daß Kultur das Gut einer Elite sei und der Massenmensch nur ein Mittel, sie zu verwirklichen. Damit wird denen, die schwer um ihr Menschentum zu ringen haben, die geistige Hilfe, auf die sie Anspruch haben, versagt. So will es der Wirklichkeitssinn, dem wir uns ergeben haben. Die Ehrfurcht vor dem Leben aber empört sich gegen ihn und schafft eine Gesinnung, in der jedem Menschen der Menschenwert und die Menschenwürde, die ihm die Lebensumstände versagen wollen, in den Gedanken der anderen entgegengebracht wird. Damit hat der Kampf das Bitterste verloren. Der Mensch hat sich nur noch gegen die Verhältnisse, aber nicht auch zugleich gegen die Menschen zu behaupten.

Weiter hilft die Gesinnung der Ehrfurcht vor dem Leben denen, die am schwersten um ihr Menschentum zu kämpfen haben, dadurch, daß sie die Vorstellung des Menschentums als des um jeden Preis zu wahrenden Gutes in ihnen wach hält. Sie bewahrt sie davor, sich einseitig in den Kampf um die Verringerung der materiellen Unfreiheit zu verrennen, und heißt sie bedenken, daß viel mehr Menschentum und innerliche Freiheit mit ihren Lebensumständen vereinbar ist, als sie darin verwirklichen. Sie leitet sie an, sich Sammlung und Innerlichkeit zu wahren, wo sie sie bisher preisgaben.

Kommen muß eine Vergeistigung der Massen. Die vielen Einzelnen müssen denkend werden über ihr Leben, über das, was sie im Kampfe des Daseins für ihr Leben erringen wollen, über das, was ihnen die Umstände erschweren, und über das, was sie sich selber versagen. Es fehlt ihnen an Geistigkeit, weil sie eine verworrene Vorstellung von Geistigkeit haben. Sie vergessen das Denken, weil ihnen das elementare Denken über sich selbst fremd geworden ist. In dem, was in unserer Zeit als Geistigkeit gepflegt und als Denken geübt wird, ist so gar nichts, was sie als für sie notwendig unmittelbar erfaßt. Kommt es aber dazu, daß die Gedanken der Ehrfurcht vor dem Leben unter uns gedacht werden, so ist damit ein Denken gegeben, das an allen arbeitet, und eine Geistigkeit rege geworden, die in allen aufkommen will. Auch die, die im schwersten Kampfe um ihr Menschentum stehen, werden dann zu Selbstbesinnung und Innerlichkeit geführt und empfangen damit Kräfte, die sie vorher nicht besaßen.

Miteinander wissend, daß die Erhaltung der Kultur vor allem von dem Aufbrechen der Quellen geistigen Lebens in uns abhängig ist, nehmen wir dennoch die wirtschaftlichen und sozialen Probleme mit Eifer in Angriff. Möglichst hohe materielle Freiheit für möglichst Viele ist uns eine Forderung der Kultur.

Die Einsicht, daß wir augenscheinlich so wenig Macht über die wirtschaftlichen Verhältnisse haben, entmutigt uns nicht. Wir wissen, daß dies zu einem bedeutenden Teil dadurch bedingt ist, daß bisher Tatsachen gegen Tatsachen und Leidenschaften gegen Leidenschaften kämpften. Aus unserm Wirklichkeitssinn kommt unsere Machtlosigkeit. Viel mehr vermögen wir über die Dinge, wenn wir uns entschließen, die Probleme durch Gesinnung lösen zu wollen. Für diese Einsicht sind wir nachgerade reif. Die aufgrund wirtschaftlicher Theorien und Utopien geführten Machtkämpfe waren in jeder Hinsicht unzweckmäßig und haben uns in eine grauenvolle Lage gebracht. Es bleibt uns nur die radikale Umkehr, die Lösung der Probleme auf zweckmäßige Art; durch zweckmäßiges Verstehen und Vertrauen zu versuchen. Allein die Ehrfurcht vor dem Leben ist imstande, die hierzu notwendige Gesinnung zu schaffen. Verstehen und Vertrauen, in denen wir uns gegenseitig auf das Zweckmäßigste einigen und durch die wir so viel Macht über die Umstände bekommen, als immer möglich ist, sind nur vorhanden, wenn alle bei allen Ehrfurcht vor der Existenz des andern und Rücksicht auf sein materielles und geistiges Wohlergehen als eine von innen heraus bei ihnen wirkende Gesinnung voraussetzen können. Nur aus der Ehrfurcht vor dem Leben sind die Maßstäbe der wirtschaftlichen Gerechtigkeit zu gewinnen, in der wir uns miteinander zu verständigen haben.

Wird es uns möglich sein, diese Entwicklung zu verwirklichen? Wir müssen es, wenn wir nicht miteinander materiell und geistig zugrunde gehen wollen. Alle Fortschritte des Wissens und Könnens wirken sich zuletzt verhängnisvoll aus, wenn wir nicht durch entsprechenden Fortschritt unserer Geistigkeit Gewalt über sie behalten. Durch die Macht, die wir über die Kräfte der Natur gewinnen, bekommen wir auch in unheimlicher Weise als Menschen über Menschen Gewalt. Mit dem Besitz von hundert Maschinen ist für einen Menschen oder eine Genossenschaft die Herrschaft über alle, die diese Maschinen bedienen, gegeben. Durch eine neue Erfindung wird es möglich, daß ein Mensch mit einer Bewegung nicht mehr hundert, sondern zehntausend Menschen tötet. In keinem Kampfe läßt sich erkämpfen, daß wir einander nicht in wirtschaftlicher oder physischer Macht verderblich werden. Höchstens kommt dabei heraus, daß der Vergewaltiger und der Vergewaltigte in ihren Rollen miteinander abwechseln. Helfen kann nur, daß wir die Macht, die uns gegeneinander gegeben ist, ablegen. Dies ist aber eine Tat der Geistigkeit.

Trunken von den Fortschritten des Wissens und Könnens, die über unsere Zeit hereinbrachen, vergaßen wir, uns um den Fortschritt in der Geistigkeit der Menschen zu sorgen. Gedankenlos glitten wir unversehens in den Pessimismus, an alle Fortschritte zu glauben, nur nicht mehr an den geistigen Fortschritt des Menschen und der Menschheit.

Die Tatsachen rufen uns zur Besinnung, wie die Bewegungen des kenternden Fahrzeuges die Mannschaft auf Deck und in die Segel jagen. Schon ist uns der Glaube an den geistigen Fortschritt der Menschen und der Menschheit etwas fast Unmögliches geworden. Mit dem Mute der Verzweiflung müssen wir uns zu ihm zwingen. Alle miteinander wieder den geistigen Fortschritt des Menschen und der Menschheit wollen und wieder auf ihn hoffen: dies ist das Herumwerfen des Steuers, das uns gelingen muß, wenn unser Fahrzeug im letzten Augenblick noch vor den Wind gebracht werden soll.

Fähig zu dieser Leistung werden wir nur in denkender Ehrfurcht vor dem Leben. Fängt Ehrfurcht vor dem Leben an, irgendwo am Denken und an der Gesinnung zu arbeiten, dann ist das Wunder möglich. Die Macht der in ihr gegebenen elementaren und lebendigen Geistigkeit ist unberechenbar. –

Freilich, der Glaube an die Möglichkeit der Umgestaltung des modernen Staates in den Kulturstaat ist eine heroische Tat. Der moderne Staat befindet sich in einer beispiellosen materiellen und geistigen Verelendung. Unter Schulden zusammenbrechend, von wirtschaftlichen und politischen Kämpfen zerrissen, aller moralischen Autorität bar geworden, kaum noch die reale Autorität aufrecht erhaltend, so hat er in immer neuen Nöten um seine Existenz zu ringen. Woher soll er die Kraft nehmen, sich bei dem allem zum wahren Kulturstaat zu entwickeln?

Welche Krisen und Katastrophen dem modernen Staat noch bestimmt sind, läßt sich nicht absehen. Seine Stellung ist insbesondere noch dadurch gefährdet, daß er die Grenzen seiner natürlichen Wirksamkeit bei weitem überschritten hat. Er ist ein außerordentlich komplizierter, in alle Verhältnisse eingreifender, alles regulieren wollender und darum in jeder Hinsicht unzweckmäßig funktionierender Organismus geworden. Das wirtschaftliche Leben will er in derselben Weise beherrschen wie das geistige. Um sich in so ausgedehnter Weise zu betätigen, arbeitet er mit einem Apparat, der an sich schon eine Gefahr bedeutet.

Irgendwann und irgendwo muß der moderne Staat einmal aus der Finanznot herauskommen und seine Betätigung auf ein normales Maß zurückbringen. Auf welche Weise er aber jemals wieder in einen natürlichen und gesunden Zustand zurückkehren kann, bleibt noch ein Rätsel.

Das Tragische ist also, daß wir dem unsympathischen und ungesunden modernen Staate mit dem Willen, ihn zum Kulturstaat zu gestalten, angehören sollen. Eine schier unmögliche Leistung des Glaubens an die Macht des Geistes wird von uns verlangt. Die ethische Welt- und Lebensbejahung gibt uns die Kraft dazu.

In dem modernen Staate lebend und das Ideal des Kulturstaates denkend, machen wir zunächst den Illusionen, die jener über sich selber hegt, ein Ende. Nur dadurch, daß die Vielen sich gegen ihn kritisch verhalten, kann er wieder zur Besinnung über sich selbst kommen. Die absolute Unhaltbarkeit der jetzigen staatlichen Zustände muß Gemeinüberzeugung werden, ehe es irgendwie besser werden kann.

Zugleich aber muß durch Nachdenken über den Kulturstaat die Einsicht Gemeingut werden, daß alle äußeren Maßnahmen zur Hebung und Sanierung des modernen Staates, mögen sie an sich noch so zweckmäßig sein, nur eine ganz unvollkommene Wirkung haben, wenn nicht sein Geist ein anderer wird. So unternehmen wir es, den modernen Staat, soweit die Kraft unserer Gedanken reicht, in die Geistigkeit und Sittlichkeit des Kulturstaates, wie er nach dem Denken der Ehrfurcht vor dem Leben sein soll, hineinzuzwingen. Wir verlangen von ihm, daß er geistiger und ethischer werden solle, als dies je einem Staate zugemutet wurde. Nur in der Erstrebung des wahren Ideals ist Fortschritt.

Man wendet uns ein, daß der Staat bei Wahrhaftigkeit, Gerechtigkeit und ethischen Erwägungen erfahrungsgemäß nicht bestehen könne, sondern in letzter Instanz seine Zuflucht zum Opportunismus nehmen müsse. Wir lächeln über diese Erfahrung. Sie ist durch die trostlosen Resultate widerlegt. Also haben wir das Recht, das Gegenteil für die rechte Weisheit auszugeben, nämlich, daß die wahre Kraft für den Staat, wie für das Individuum, in der Geistigkeit und im Ethischen liegt. Er lebt von dem Vertrauen derer, die ihm angehören; er lebt von dem Vertrauen der anderen Staaten. Opportunistisches Handeln kann Augenblickserfolge zu verzeichnen haben. Auf die Dauer aber wendet es sich sicherlich in Mißerfolg.

So stellt die ethische Welt- und Lebensbejahung an den modernen Staat das Ansinnen, daß er danach trachten solle, ethische und geistige Persönlichkeit zu werden. Hartnäckig dringt sie damit auf ihn ein. Sie läßt sich durch kein überlegenes Lächeln einschüchtern. Die Weisheit von morgen lautet anders als die von gestern.

Nur dadurch, daß eine neue Gesinnung im Staate waltet, kann er im Innern zum Frieden kommen; nur dadurch, daß eine neue Gesinnung zwischen den Staaten entsteht, kommen sie zur Verständigung und hören auf, einer dem andern Verderben zu bringen; nur dadurch, daß die modernen Staaten der überseeischen Welt in anderer Gesinnung als bisher begegnen, hören sie auf, sich dort mit Schuld zu beladen.

Solch moralisches Gerede über den Kulturstaat ist schon oft vorgebracht worden. Gewiß. Aber es bekommt einen eigentümlichen Klang in der Zeit, wo der moderne Staat, weil er in keiner Weise mehr geistig ethisch sein wollte, im Elend verkommt. Eine neue Autorität besitzt es auch dadurch, daß in der Welt- und Lebensanschauung der Ehrfurcht vor dem Leben die Bedeutung des Ethischen in seinem ganzen Umfang und seiner ganzen Tiefe zutage liegt.

Darum sind wir davon befreit, uns den Kulturstaat nach den Angaben des Nationalismus und der nationalen Kultur vorstellen zu müssen, und dürfen zur tiefen Naivität zurückkehren, ihn als Staat zu denken, der sich durch ethische Kulturgesinnung leiten läßt. Im Vertrauen auf die Macht der aus der Ehrfurcht vor dem Leben kommenden Kulturgesinnung nehmen wir uns vor, diesen Kulturstaat zu verwirklichen.

Der Kulturgesinnung uns verantwortlich fühlend, blicken wir über Völker und Staaten auf die Menschheit hinaus. Wer sich ethischer Welt- und Lebensbejahung ergeben hat, dem ist die Zukunft des Menschen und der Menschheit Gegenstand der Sorge und des Hoffens. Von diesem Sorgen und Hoffen frei zu werden, ist Armut; ihm ausgeliefert zu sein, ist Reichtum. So ist es unser Trost in schwerer Zeit, daß wir, ohne zu wissen, was wir noch von besserer Zukunft erleben können, nur im Vertrauen auf die Macht des Geistes, einer kommenden Kulturmenschheit die Wege bahnen.

Eine Schrift mit Regeln, die bei Friedensschlüssen beobachtet werden sollen, damit dauernder Friede entstehe, ließ Kant unter dem Titel „Zum ewigen Frieden“ ausgehen. Er irrte. Regeln über Friedensschlüsse, mögen sie noch so gut gemeint und noch so gut formuliert sein, vermögen nichts. Nur das Denken, das die Gesinnung der Ehrfurcht vor dem Leben zur Macht bringt, ist fähig, den ewigen Frieden heraufzuführen. ...

Was ist Fortschritt, Staat?

IV

Die Krise der Kultur und ihre geistige Ursache

Unsere Kultur macht eine schwere Krise durch.

Gewöhnlich meint man, diese Krise sei durch den Krieg herbeigeführt worden. Dies ist falsch. Der Krieg mit allem, was mit ihm zusammenhängt, ist selber nur eine Erscheinung der Kulturlosigkeit, in der wir uns befinden. Auch in Staaten, die nicht am Kriege teilgenommen haben und an denen sich der Krieg nicht direkt ausgewirkt hat, ist die Kultur ins Wanken gekommen, nur daß dies hier nicht so zutage tritt, wie in denen, die von den Folgen der einzigartig schweren geistigen und materiellen Ereignisse des Krieges betroffen worden sind.

Ist nun aber lebendiges Nachdenken über den Niedergang der Kultur und über die Möglichkeit, wie wir uns aus ihm herausarbeiten können, unter uns vorhanden? Kaum. Geistreiche Menschen stolpern in Siebenmeilenstiefeln in der Geschichte der Kultur herum und wollen uns begreiflich machen, daß Kultur etwas Naturhaftes sei, das in bestimmten Völkern zur bestimmten Zeit blühe und dann mit Notwendigkeit abwelke, so daß immer neue Kulturvölker die verbrauchten ablösen müßten. Freilich, wenn sie zum Beschluß dieser Theorie angeben sollen, welche Völker berufen sind, unser Erbe anzutreten, geraten sie in einige Verlegenheit. Es zeigen sich nämlich keine, denen man solches auch nur einigermaßen zutrauen könnte. Alle Völker der Erde haben in starkem Maße den Einfluß sowohl unserer Kultur als unserer Kulturlosigkeit erfahren. Sie teilen mehr oder weniger unser Schicksal. Bei keinem sind Gedanken anzutreffen, die zu einer bedeutenden originalen Kulturbewegung führen können.

Lassen wir die Geistreichheit und die interessanten kulturhistorischen Überblicke beiseite und beschäftigen wir uns in sachlicher Weise mit dem Problem unserer gefährdeten Kultur. Welcher Art ist die Degeneration unserer Kultur und warum ist sie eingetreten?

Zunächst drängt sich hier eine elementare Feststellung auf. Das Verhängnis unserer Kultur ist, daß sie sich materiell viel stärker entwickelt hat als geistig. Ihr Gleichgewicht ist gestört. Durch die Entdeckungen, die uns die Kräfte der Natur in so außerordentlicher Weise dienstbar machen, haben die Lebensverhältnisse der Einzelnen, der Gesellschaftsgruppen und der Staaten eine totale Umwälzung erfahren. Unser Wissen und Können ist in einem Maße, wie man es nicht für möglich gehalten hätte, bereichert und gesteigert. Dadurch sind wir instand gesetzt, die Daseinsbedingungen des Menschen in mancher Hinsicht unvergleichlich günstiger zu gestalten als früher. In der Begeisterung über die Fortschritte des Wissens und Könnens sind wir aber zu einer fehlerhaften Auffassung der Kultur gelangt. Wir überschätzen deren materielle Errungenschaften und haben die Bedeutung des Geistigen nicht mehr in erforderlicher Weise gegenwärtig. Nun kommen die Tatsachen und rufen uns zur Besinnung. Sie lehren uns in grausig harter Sprache, daß die Kultur, die sich nur nach der materiellen und nicht auch in entsprechendem Maße nach der geistigen Seite hin entwickelt, dem Schiffe gleicht, das mit defektem Steuerapparat in stetig beschleunigter Fahrt seine Steuerbarkeit verliert und damit der Katastrophe zutreibt.

Das Wesentliche der Kultur besteht nicht in materiellen Errungenschaften, sondern darin, daß die Einzelnen die Ideale der Vervollkommnung des Menschen und der Besserung der sozialen und politischen Zustände der Völker und der Menschheit denken und in ihrer Gesinnung durch solche Ideale in lebendiger und stetiger Weise bestimmt sind. Nur wenn die Einzelnen so als geistige Kräfte an sich und an der Gesellschaft arbeiten, ist die Möglichkeit gegeben, daß die durch die Tatsachen geschaffenen Probleme gelöst werden und ein in jeder Hinsicht wertvoller Totalfortschritt erfolgt. Ob etwas mehr oder weniger von materiellen Errungenschaften zu verzeichnen ist, ist für die Kultur nicht entscheidend. Ihr Schicksal wird dadurch bestimmt, daß die Gesinnungen Macht über die Tatsachen behalten. Der Ausgang der Fahrt hängt nicht davon ab, ob das Schiff etwas schneller oder etwas langsamer vorankommt, ob es segelt oder durch Dampf getrieben wird, sondern davon, ob es seinen Kurs richtig nimmt und ob seine Steuerung in Ordnung bleibt.

Umwälzungen der Lebensverhältnisse der Einzelnen, der Gesellschaft und der Völker, wie sie im Gefolge unserer großen materiellen Errungenschaften einhergehen, stellen, wenn sie wirklich Fortschritt im Sinne wertvoller Kultur bedeuten sollen, erhöhte Anforderungen an die Stärke der Kulturgesinnung, wie die gesteigerte Schnelligkeit eine größere Festigkeit des Steuers und des Steuerapparates voraussetzt. Die Fortschritte des Wissens und Könnens wirken sich fast wie Naturereignisse an uns aus. Es liegt nicht in unserer Macht, sie so zu leiten, daß sie die Verhältnisse, in denen wir leben, in jeder Hinsicht günstig beeinflussen, sondern sie schaffen für die Einzelnen, die Gesellschaft und die Völker schwere und schwerste Probleme und führen Gefahren mit sich, die sich zum voraus gar nicht ermessen ließen. So paradox es klingen mag: durch die Fortschritte des Wissens und Könnens wird wirkliche Kultur nicht leichter, sondern schwerer gemacht. Ja, nach dem, was in dieser Hinsicht an unserer und den beiden vorhergehenden Generationen zutage getreten ist, könnte man fast Zweifel bekommen, ob sie angesichts materieller Errungenschaften, wie sie uns beschieden waren, überhaupt noch möglich ist.

Die allgemeinste Gefahr, die die materiellen Errungenschaften für die Kultur mit sich bringen, besteht darin, daß durch die Umwälzungen in den Lebensbedingungen Menschen in großer Zahl aus Freien zu Unfreien werden. Aus solchen, die ihr Land bebauten, werden Arbeiter, die in einem Großbetrieb eine Maschine bedienen; aus Handwerkern und selbständigen Geschäftsleuten werden Angestellte. Sie verlieren die elementare Freiheit des Menschen, der im eigenen Hause wohnt und sich in unmittelbarer Beziehung zur nährenden Erde befindet. Auch haben sie nicht mehr das ausgedehnte und ungebrochene Verantwortungsbewußtsein derer, die in selbständiger Arbeit stehen. Ihre Existenzbedingungen sind also unnatürliche. Sie führen den Kampf um die Existenz nicht mehr in einigermaßen normalen Verhältnissen, in denen jeder für sich, sei es gegen die Natur, sei es gegen menschliche Konkurrenz, durch Tüchtigkeit sich behaupten kann, sondern sie sehen sich darauf angewiesen, sich untereinander zusammenzuschließen und eine Macht zu bilden, die sich bessere Existenzbedingungen erzwingt. Damit ist eine Mentalität von Unfreien gegeben, in der Kulturideale nicht mehr in der nötigen Reinheit gedacht, sondern im Sinne der sich aufdrängenden Kämpfe verzerrt werden.

Bis zu einem gewissen Grade sind wir in den modernen Verhältnissen alle Unfreie geworden. In jedem Stande haben wir einen von Jahrzehnt zu Jahrzehnt, wenn nicht von Jahr zu Jahr schwereren Kampf um die Existenz zu führen. Physische oder geistige Überarbeitung oder beides ist unser Los. Wir bringen es nicht mehr zur Sammlung. Unsere geistige Unselbständigkeit nimmt in demselben Maße zu wie die materielle. Nach allen Seiten hin kommen wir in Abhängigkeiten, die man früher in dieser Allgemeinheit und Stärke nicht kannte. Die sich stets vollkommener ausbildenden wirtschaftlichen, sozialen und politischen Organisationen bekommen uns immer stärker in ihre Gewalt. Der straffer und straffer organisierte Staat gebietet in immer entschiedenerer und umfassenderer Weise über uns. In jeder Hinsicht ist unser Eigendasein also herabgesetzt. Persönlichkeit zu sein, ist uns immer schwieriger gemacht.

So bringen es die Fortschritte der äußeren Kultur mit sich, daß die Individuen, trotz aller Vorteile, die sie davon haben, dadurch in vieler Hinsicht materiell und geistig in ihrer Kulturfähigkeit geschädigt sind.

Die Fortschritte der materiellen Kultur sind es auch, die die sozialen und politischen Probleme in so unheilvoller Weise verschärfen. Durch die modernen sozialen Probleme kommen wir in einen Klassenkampf, der unsere wirtschaftlichen und staatlichen Verhältnisse erschüttert und zerrüttet. Die Maschine und der Welthandel sind es letzten Endes, die den Weltkrieg heraufgeführt haben. Und die Erfindungen, die uns so gewaltige, zerstörende Macht in die Hand gaben, haben ihn so verheerend gestaltet, daß Besiegte und Sieger miteinander durch ihn auf unabsehbare Zeit ruiniert sind. Technische Errungenschaften waren es auch, die uns instand setzten, in der Art auf Entfernung zu töten und Massenvernichtung zu üben, daß wir in die Lage kamen, die letzte Regung von Humanität abzulegen, und nur noch blinder Wille waren, der vollendete Mordwerkzeuge bediente, ohne bei seiner Vernichtungstätigkeit den Unterschied zwischen Kämpfern und Nichtkämpfern noch aufrechterhalten zu können.

Die materiellen Errungenschaften sind also nicht Kultur, sondern werden Kultur nur in dem Maße, wie Kulturgesinnung fähig ist, sie im Sinne der Vervollkommnung des Einzelnen und der Gesamtheit wirken zu lassen. Wir aber, durch die Fortschritte des Wissens und Könnens betört, überlegten nicht, in welche Gefahr wir uns durch die verminderte Wertlegung auf das Geistige der Kultur begaben, sondern überließen uns der naiven Genugtuung über unsere großartigen materiellen Errungenschaften und verirrten uns in eine unglaublich veräußerlichte Auffassung von Kultur. Wir glaubten an einen in den Tatsachen gegebenen, immanenten Fortschritt. Statt Vernunftideale zu denken und es zu unternehmen, die Wirklichkeit nach ihnen umzugestalten, wollten wir, von eitlem Wirklichkeitssinn betört, mit der Wirklichkeit entnommenen, herabgesetzten Idealen auskommen. Damit verloren wir jegliche Macht über die Tatsachen.

Wo also das Geistige der Kultur in einzigartiger Stärke notwendig gewesen wäre, ließen wir es verkümmern.

Wie aber konnte es kommen, daß uns das Geistige der Kultur so abhanden kam?

Um dies zu verstehen, müssen wir bis in die Zeit zurückgehen, wo es noch in unmittelbarer und lebendiger Weise vorhanden ist. Der Weg führt bis ins achtzehnte Jahrhundert hinauf. Bei den Rationalisten, die alles aus der Vernunft begreifen und alles nach Vernunftüberlegungen regeln wollen, finden wir in elementarer Stärke die Überzeugung ausgeprägt, daß die Gesinnung das Wesentliche der Kultur ausmacht. Wohl stehen auch sie schon unter dem Eindruck der neuzeitlichen Errungenschaften des Wissens und Könnens und messen dem Materiellen der Kultur eine dementsprechende Bedeutung bei. Noch aber gilt ihnen als selbstverständlich, daß das Wesentliche und Wertvolle der Kultur das Geistige sei. In erster Linie geht ihr Interesse auf den geistigen Fortschritt des Menschen und der Menschheit. An ihn glauben sie mit kraftvollem Optimismus.

Die Größe der Menschen des Aufklärungszeitalters liegt darin, daß sie die Ideale der Vervollkommnung des Einzelnen und der Gesellschaft und der Menschheit aufstellen und sich ihnen mit Enthusiasmus hingeben. Die Kraft, auf die sie für die Verwirklichung derselben zählen, ist die Gesinnung der Menschen. Sie verlangen vom Geiste, daß er die Menschen und die Verhältnisse umgestalte, und vertrauen darauf, daß er stärker sei als die Tatsachen.

Woher aber kommt ihnen der Trieb, solch hohe Kulturideale aufzustellen, und die Zuversicht, sie verwirklichen zu können? Aus ihrer Weltanschauung.

Die Weltanschauung des Rationalismus ist optimistisch und ethisch. Ihr Optimismus besteht darin, daß eine allgemeine, in der Welt waltende, auf Vervollkommnung gerichtete Zweckmäßigkeit angenommen wird, in der die auf geistigen und materiellen Fortschritt gehende Anstrengung des Menschen und der Menschheit Sinn und Bedeutung und zugleich Gewähr des Erfolges erhält.

Ethisch ist diese Weltanschauung, weil sie das Ethische als etwas vernunftgemäß Gegebenes ansieht und daraufhin von dem Menschen verlangt, daß er sich, mit Hintansetzung egoistischer Interessen, allen zu verwirklichenden Idealen hingebe und das Ethische als den in allem entscheidenden Maßstab ansehe. Humanitätsgesinnung ist für die Rationalisten ein Ideal, von dem sie sich durch keine Erwägung abbringen lassen wollen.

Als um die Wende des achtzehnten zum neunzehnten Jahrhundert die Reaktion gegen den Rationalismus einsetzt und Kritik an ihm geübt wird, wirft man seinem Optimismus Flachheit und seiner Ethik Sentimentalität vor. Aber was er in seiner mannigfachen Unvollkommenheit leistete, Menschen zu in der Vernunft begründeten Kulturidealen zu begeistern, können die geistigen Bewegungen, die ihn kritisieren und ablösen, in dieser Art nicht weiterführen. Unmerklich, aber stetig nimmt die Energie der Kulturgesinnung ab. In dem Maße als die Weltanschauung des Rationalismus überholt wird, kommt der Wirklichkeitssinn zur Geltung, bis zuletzt, von der Mitte des neunzehnten Jahrhunderts ab, die Ideale nicht mehr der Vernunft, sondern der Wirklichkeit entnommen werden und wir damit immer weiter in Kulturlosigkeit und Humanitätslosigkeit hineingelangen. Dies ist die klarste und wichtigste in der Geschichte unserer Kultur feststellbare Tatsache.

Was besagt sie? Daß ein enger Zusammenhang zwischen Kultur und Weltanschauung besteht. Kultur ist das Ergebnis optimistisch-ethischer Weltanschauung. Nur in dem Maße, als welt- und lebensbejahende und zugleich ethische Weltanschauung in Kraft ist, werden Kulturideale vorgestellt und in der Gesinnung der Einzelnen und der Gesellschaft in Geltung erhalten.

Daß man dieser inneren Beziehung zwischen Kultur und Kulturweltanschauung nicht die ihr zukommende Beachtung geschenkt hat, liegt daran, daß unter uns so wenig wirkliches Nachdenken über das Wesen der Kultur vorhanden ist.

Was ist Kultur? Sie ist der Inbegriff aller Fortschritte des Menschen und der Menschheit auf allen Gebieten und in jeder Hinsicht, sofern dieselben der geistigen Vollendung des Einzelindividuums als dem Fortschritt der Fortschritte dienstbar sind.

Der Trieb, Fortschritte auf allen Gebieten und in jeder Hinsicht zu erstreben, kommt dem Menschen aus optimistischer Weltanschauung, die die Welt und das Leben als etwas an sich Wertvolles bejaht und daraufhin die Nötigung in sich trägt, das Sein, soweit es von uns beeinflußbar ist, auf seinen höchsten Wert zu bringen. Daraus entsteht dann das auf die Verbesserung der Zustände der Einzelnen und der Gesellschaft, der Völker und der Menschheit gerichtete Wollen, Hoffen und Wirken. Dieses führt zur Herrschaft des Geistes über die Naturkräfte, zur Vollendung der religiösen, sozialen, wirtschaftlichen und praktischen Vergesellschaftung der Menschen und zu geistiger Vervollkommnung des Einzelnen und der Gesamtheit.

Wie die welt- und lebenbejahende, das heißt optimistische Weltanschauung allein fähig ist, den Menschen zu auf Kultur gerichtetem Wirken anzuregen, so wohnt der ethischen allein die Kraft inne, den Menschen unter Zurückstellung und Aufgabe egoistischer Interessen in solchem Wirken beharren zu lassen und ihn jederzeit in der Orientierung auf die geistige und sittliche Vollendung des Individuums, als dem wesentlichen Ziele der Kultur, zu erhalten. Untereinander verbunden, denken Welt- und Lebensbejahung und

Ethik also miteinander die Ideale wahrer, vollständiger Kultur und nehmen ihre Verwirklichung in Angriff.

Bleibt Kultur unvollständig oder nimmt sie ab, so beruht dies in letzter Linie darauf, daß entweder die Welt- und Lebensbejahung der Weltanschauung oder ihre Ethik oder beide zusammen unausgebildet bleiben oder zurückgingen.

Dies trifft bei uns zu. Offenbar ist, daß uns die zur Kultur erforderliche Ethik abhanden gekommen ist.

Seit Jahrzehnten gewöhnen wir uns in steigendem Maße daran, mit relativen ethischen Maßstäben zu messen und Ethik nicht mehr in alle Fragen mithineinreden zu lassen. Den Verzicht auf die konsequente ethische Beurteilung der Dinge empfinden wir als einen Fortschritt in Sachlichkeit.

Aber auch unsere Welt- und Lebensbejahung ist ins Wanken gekommen. Der moderne Mensch steht nicht mehr unter der Nötigung, alle Ideale des Fortschritts zu denken und zu wollen. In weitgehendem Maße hat er sich mit der Wirklichkeit abgefunden. Er ist viel resignierter, als er sich eingesteht. In einer Hinsicht ist er sogar ausgesprochen pessimistisch. Er glaubt eigentlich nicht mehr an den geistigen und ethischen Fortschritt der Menschen und der Menschheit, der doch das Wesentliche der Kultur ausmacht.

Diese Verkümmerung der Welt- und Lebensbejahung und der Ethik hat ihre Ursache in der Beschaffenheit unserer Weltanschauung. Seit der Mitte des neunzehnten Jahrhunderts stehen wir in einer Krise der Weltanschauung. Es will uns nicht mehr gelingen, zu einer Auffassung des Universums zu gelangen, in der der Sinn der Existenz des Menschen und der Menschheit erkennbar wird und in der also auch die sich aus denkender Welt- und Lebensbejahung und aus ethischem Wollen ergebenden Ideale enthalten sind. Mehr und mehr verfallen wir der Weltanschauungslosigkeit. Aus unserer Weltanschauungslosigkeit kommt unsere Kulturlosigkeit.

Die große Frage für uns ist also, ob wir dauernd auf die Weltanschauung verzichten müssen, die die Ideale der Vervollkommnung des Menschen und der Menschheit und des ethischen Wirkens in voller Stärke in sich trägt. Gelingt es uns, wieder Weltanschauung aufzustellen, in der ethische Welt- und Lebensbejahung in überzeugender Weise gegeben ist, so werden wir des Kulturniedergangs, der im Gange ist, Herr und gelangen wieder zu wahrer und lebendiger Kultur. Andernfalls sind wir dazu verurteilt, alle Versuche, die Degeneration der Kultur aufzuhalten, scheitern zu sehen. Erst wenn die Wahrheit, daß Erneuerung der Kultur nur aus Erneuerung der Weltanschauung kommen kann, in die allgemeine Überzeugung eingeht und ein neues Sehnen nach Weltanschauung einsetzt, kommen wir auf den rechten Weg. Sie ist noch nicht im Begriff, sich durchzusetzen. Noch hat der moderne Mensch kein richtiges Empfinden von der Schwere der Tatsache, daß er in unbefriedigender Weltanschauung oder in Weltanschauungslosigkeit lebt. Das Unnatürliche und Gefahrvolle dieses Zustandes muß ihm erst zu Bewußtsein gebracht werden, wie denjenigen, die Störungen der Sensibilität des Nervensystems aufweisen, klargemacht werden muß, daß ihre Vitalität bedroht ist, obwohl sie nicht leiden. So haben wir die Menschen von heute wieder zu elementarem Nachdenken über die Frage, was der Mensch in der Welt ist und was er aus seinem Leben machen will, aufzurütteln. Erst wenn sie wieder von der Notwendigkeit ergriffen werden, ihrem Dasein einen Sinn und einen Wert zu geben und so zu Hunger und Durst nach befriedigender Weltanschauung gelangen, sind die Voraussetzungen einer Geistigkeit, durch die wir wieder der Kultur fähig werden, gegeben. –

V

Jugenderinnerungen

Die Art, wie das Gebot, daß wir nicht töten und quälen sollen, an mir arbeitete, ist das große Erlebnis meiner Kindheit und Jugend. Neben ihm verblassen alle anderen.

Als ich noch nicht in die Schule ging, hatten wir einen gelben Hund namens Phylax. Wie manche Hunde konnte er keine Uniformen leiden und ging immer auf den Briefträger los. Also wurde ich angestellt, zur Stunde des Briefträgers Phylax, der bissig war und sich schon an einem Gendarmen vergangen hatte, in Zaum zu halten. Mit einer Gerte trieb ich ihn in einen Winkel des Hofs und ließ ihn nicht heraus, bis der Briefträger wieder fort war. Welch stolzes Gefühl, als Tierbändiger vor dem bellenden und zähnefletschenden Hund zu stehen und ihn mit Schlägen zu meistern, wenn er aus dem Winkel ausbrechen wollte! Aber das stolze Gefühl hielt nicht an. Wenn wir nachher wieder als Freunde beieinander saßen, klagte ich mich an, daß ich ihn geschlagen hatte. Ich wußte, daß ich ihn vom Briefträger auch abhalten könnte, wenn ich ihn beim Halsband faßte und streichelte. Wenn die fatale Stunde aber wieder kam, erlag ich wiederum dem Rausch, Tierbändiger zu sein....

In den Ferien durfte ich beim Nachbar Fuhrmann sein. Sein Brauner war schon etwas alt und engbrüstig. Er sollte nicht viel traben. In der Fuhrmannsleidenschaft ließ ich mich aber immer wieder hinreißen, ihn mit der Peitsche zum Traben anzutreiben, auch wenn ich wußte und fühlte, daß er müde war. Der Stolz, ein trabendes Pferd zu leiten, betörte mich. Der Mann ließ es zu, „um mir die Freude nicht zu verderben". Aber was wurde aus der Freude, wenn wir nach Hause kamen und ich beim Ausschirren bemerkte, was ich auf dem Wagen nicht so gesehen hatte, wie die Flanken des Tieres arbeiteten! Was nützte es, daß ich ihm in die müden Augen schaute und es stumm um Verzeihung bat? ...

Einmal, ich war damals schon auf dem Gymnasium und in den Weihnachtsferien zu Hause, kutschierte ich im Schlitten. Aus dem Hause des Nachbars Löscher heraus sprang kläffend sein als böse bekannter Hund dem Pferde entgegen. Ich glaubte im Recht zu sein, ihm einen gutgezielten Peitschenschlag zu versetzen, obwohl er sichtlich nur aus Mutwillen auf den Schlitten zukam. Zu gut hatte ich gezielt. Ins Auge getroffen, wälzte er sich heulend im Schnee. Seine klagende Stimme klang mir noch lange nach. Durch Wochen hindurch konnte ich sie nicht los werden.

Zweimal habe ich mit andern Knaben mit der Angel gefischt. Dann verbot mir das Grauen vor der Mißhandlung der aufgespießten Würmer und vor dem Zerreißen der Mäuler der gefangenen Fische weiter mitzumachen. Ja, ich fand sogar den Mut, andere vom Fischen abzuhalten.

Aus solchem mir das Herz bewegenden und mich oft beschämenden Erlebnissen entstand in mir langsam die unerschütterliche Überzeugung, daß wir Tod und Leid über ein anderes Wesen nur bringen dürfen, wenn eine unentrinnbare Notwendigkeit dafür vorliegt, und daß wir alle das Grausige empfinden müssen, das darin liegt, daß wir aus Gedankenlosigkeit leiden machen und töten. Immer stärker hat mich diese Überzeugung beherrscht. Immer mehr wurde mir gewiß, daß wir im Grunde alle so denken und es nur nicht zu bekennen und zu bestätigen wagen, weil wir fürchten, von den andern als „sentimental“ belächelt zu werden, und auch weil wir uns abstumpfen lassen. Ich aber gelobte mir, mich niemals abstumpfen zu lassen und den Vorwurf der Sentimentalität niemals zu fürchten. –

Blicke ich auf meine Jugend zurück, so bin ich vom Gedanken bewegt, wie vielen Menschen ich für das, was sie mir gaben und was sie mir waren, zu danken habe. Zugleich aber stellt sich das niederdrückende Bewußtsein ein, wie wenig ich jenen Menschen in meiner Jugend von diesem Danke wirklich erstattet habe. Wie viele von ihnen sind aus dem Leben geschieden, ohne daß ich ihnen ausgedrückt habe, was die Güte oder die Nachsicht, die ich von ihnen empfing, für mich bedeutete! Erschüttert habe ich manchmal auf Gräbern leise die Worte für mich gesagt, die mein Mund einst dem Lebenden hätte aussprechen sollen.

Dabei glaube ich sagen zu können, daß ich nicht undankbar war. Bei Zeiten bin ich aus der jugendlichen Gedankenlosigkeit erwacht, das, was ich an Güte und Nachsicht von Menschen erfuhr, als etwas Selbstverständliches hinzunehmen. Ich meine darüber so früh nachdenklich geworden zu sein, wie über das Weh in der Welt. Aber bis zu meinem zwanzigsten Jahr, und noch darüber hinaus, habe ich mich zu wenig dazu angehalten, die Dankbarkeit, die in mir war, auch zu bekunden. Ich ermaß zu wenig, was es für Menschen bedeutet, Dankbarkeit tatsächlich zu empfangen. Oft auch ließ ich mich durch Schüchternheit zurückhalten, Dankbarkeit auszusprechen.

Weil ich dies an mir erlebt habe, meine ich nicht, daß so viel Undankbarkeit in der Welt ist, wie man gewöhnlich behauptet. Nie habe ich die Geschichte von den zehn Aussätzigen so auslegen können, als ob nur einer dankbar gewesen sei. Ich glaube, daß alle zehn dankbar waren. Aber neun von ihnen begaben sich zuerst nach Hause, schnell die ihrigen zu begrüßen und nach ihren Angelegenheiten zu sehen, und nahmen sich vor, nachher sogleich zu Jesus zu gehen und ihm ihren Dank zu erstatten. Nur kam es nicht dazu. Sie wurden zu Hause länger festgehalten als sie dachten, und unterdessen starb Jesus. Einer aber besaß die Gabe, seinem unmittelbaren Empfinden zu folgen. Dieser suchte den, der ihm geholfen hatte, alsbald auf und erquickte ihn durch Dankbarkeit.

So müssen wir alle uns anhalten, unmittelbar zu sein und die unausgesprochene Dankbarkeit zur ausgesprochenen werden zu lassen. Dann gibt es in der Welt mehr Sonne und mehr Kraft zum Guten. Für sich aber muß sich ein jeder von uns dagegen wehren, die bitteren Sprüche von der Undankbarkeit der Welt in seine Weltanschauung aufzunehmen. Es flutet viel Wasser unter dem Erdboden, das nicht als Quelle herausbricht. Dessen dürfen wir uns getrösten. Selber aber sollen wir Wasser sein, das den Weg findet, Quelle zu werden, an der Menschen den Durst nach Dankbarkeit stillen können.

Noch ein anderes bewegt mich, wenn ich an meine Jugend zurückdenke: die Tatsache, daß so viele Menschen mir etwas gaben, oder etwas waren, ohne daß sie es wußten. Solche, mit denen ich nie ein Wort gewechselt habe, ja auch solche, von denen ich nur erzählen hörte, haben einen bestimmten Einfluß auf mich ausgeübt. Sie sind in mein Leben eingetreten und Kräfte in mir geworden. Gar manches, was ich sonst nicht so klar empfunden und so entschieden getan hätte, empfinde und tue ich so, weil ich wie unter dem Zwang jener Menschen stehe. Darum kommt es mir immer vor, als ob wir alle geistig von dem lebten, was uns Menschen in bedeutungsvollen Stunden unseres Lebens gegeben haben. Diese bedeutungsvollen Stunden kündigen sich nicht an, sondern kommen unerwartet. Auch nehmen sie sich nicht großartig aus, sondern unscheinbar. Ja, manchmal bekommen sie ihre Bedeutung für uns erst in der Erinnerung, wie uns die Schönheit einer Musik oder einer Landschaft manchmal erst in der Erinnerung aufgeht. Vieles, was an Sanftmut, Gütigkeit, Kraft zum Verzeihen, Wahrhaftigkeit, Treue, Ergebung in Leid unser geworden ist, verdanken wir Menschen, an denen wir solches erlebt haben, einmal in einem großen, einmal in einem kleinen Begebnis. Ein Leben gewordener Gedanke sprang wie ein Funke in uns hinein und zündete.

Ich glaube nicht, daß man in einen Menschen Gedanken hineinbringen kann, die nicht in ihm sind. Gewöhnlich sind in den Menschen alle guten Gedanken als Brennstoffe vorhanden. Aber vieles von diesem Brennstoff entzündet sich erst oder erst recht, wenn eine Flamme oder ein Flämmchen von draußen, von einem andern Menschen her, in ihn hineinschlägt. Manchmal auch will unser Licht erlöschen und wird durch ein Erlebnis an einem Menschen wieder neu angefacht.

So hat jeder von uns in tiefem Danke derer zu gedenken, die Flammen in ihm entzündet haben. Hätten wir sie vor uns, die uns zum Segen geworden sind, und könnten es ihnen erzählen, wodurch sie es geworden sind, sie würden staunen über das, was aus ihrem Leben in unseres übergriff.

So weiß auch keiner von uns, was er wirkt und was er Menschen gibt. Es ist für uns verborgen und soll es bleiben. Manchmal dürfen wir ein klein wenig davon sehen, um nicht mutlos zu werden. Das Wirken der Kraft ist geheimnisvoll.

Überhaupt, ist nicht in dem Verhältnis des Menschen zum Menschen viel mehr geheimnisvoll, als wir es uns gewöhnlich eingestehen? Keiner von uns darf behaupten, daß er einen andern wirklich kenne, und wenn er seit Jahren täglich mit ihm zusammen lebt. Von dem was unser inneres Erleben ausmacht, können wir auch unseren Vertrautesten nur Bruchstücke mitteilen. Das Ganze vermögen wir weder von uns zu geben, noch wären sie imstande, es zu fassen. Wir wandeln miteinander in einem Halbdunkel, in dem keiner die Züge des andern genau erkennen kann. Nur von Zeit zu Zeit, durch ein Erlebnis, das wir mit dem Weggenossen haben, oder durch ein Wort, das zwischen uns fällt, steht er für einen Augenblick neben uns, wie von einem Blitze beleuchtet. Da sehen wir ihn, wie er ist. Nachher gehen wir wieder, vielleicht für lange, im Dunkel nebeneinander her und suchen vergeblich, uns die Züge des andern vorzustellen.

In diese Tatsache, daß wir einer dem andern Geheimnis sind, haben wir uns zu ergeben. Sich kennen will nicht heißen, alles voneinander wissen, sondern Liebe und Vertrauen zueinander haben und einer an den andern glauben. Ein Mensch soll nicht in das Wesen des andern eindringen wollen. Andere zu analysieren – es sei denn, um geistig verwirrten Menschen wieder zurecht zu helfen –, ist ein unvornehmes Benehmen. Es gibt nicht nur eine leibliche, sondern auch eine geistige Schamhaftigkeit, die wir zu achten haben. Auch die Seele hat ihre Hüllen, deren man sie nicht entkleiden soll. Keiner von uns darf zum andern sagen: Weil wir so und so zusammengehören, habe ich das Recht, alle deine Gedanken zu kennen. Nicht einmal die Mutter darf so gegen ihr Kind auftreten. Alles Fordern dieser Art ist töricht und unheilvoll. Hier gilt nur Geben, das Geben weckt. Teile von deinem geistigen Wesen denen, die mit dir auf dem Wege sind, so viel mit als du kannst, und nimm als etwas Kostbares hin, was dir von ihnen zurückkommt.

Es lag vielleicht an meiner ererbten Verschlossenheit, daß mir die Ehrfurcht vor dem geistigen Wesen des andern von meiner Jugend an etwas Selbstverständliches war. Nachher bin ich in dieser Anschauung immer mehr befestigt worden, weil ich sah, wie viel Leid und Weh und Entfremdung daher kommt, daß Menschen den Anspruch erheben, in der Seele der andern zu lesen wie in einem Buche, das ihnen gehört, und daß sie wissen und verstehen wollen, wo sie an den andern glauben sollten. Alle müssen wir uns hüten, denen, die wir lieben, Mangel an Vertrauen vorzuwerfen, wenn sie uns nicht jederzeit in alle Ecken ihres Herzens einblicken lassen. Es ist ja fast so, daß wir, je näher wir uns kennen, einander um so geheimnisvoller werden. Nur wer Ehrfurcht vor dem geistigen Wesen anderer hat, kann andern wirklich etwas sein.

Darum meine ich, daß sich auch keiner zwingen soll, mehr von seinem inneren Leben preiszugeben, als ihm natürlich ist. Wir können nicht mehr, als die andern unser geistiges Wesen ahnen lassen und das ihrige ahnen. Das Einzige, worauf es ankommt, ist, daß wir darum ringen, daß Licht in uns sei. Das Ringen fühlt einer dem andern an, und wo Licht in Menschen ist, scheint es aus ihnen heraus. Dann kennen wir uns, im Dunkel nebeneinander hergehend, ohne daß einer das Gesicht des andern abzutasten und in sein Herz hineinzulangen braucht.

War mir die Ehrfurcht vor dem geistigen Wesen des andern von Jugend auf etwas Selbstverständliches, so hat mir dagegen die Frage viel zu schaffen gemacht, inwieweit wir in dem sonstigen Verkehr mit Menschen zurückhaltend sein sollen oder inwieweit wir uns unmittelbar geben dürfen. Beides lag in mir im Kampf. Bis in die letzten Jahre auf dem Gymnasium hatte die Zurückhaltung das Übergewicht. Meine Schüchternheit hielt mich davon ab, den Menschen so viel Anteilnahme kundzugeben, als ich empfand, und ihnen so viel Dienst und Helfen anzubieten, als es mich innerlich trieb. In diesem Verhalten wurde ich durch die Erziehung der Tante in Mülhausen bestärkt. Sie hat mir die Zurückhaltung als den Inbegriff der Wohlerzogenheit eingeprägt. Jede Art von „Vordringlichkeit" sollte ich als einen der größten Fehler ansehen lernen, und bemühte mich auch redlich darum. Mit der Zeit aber wagte ich mich von den Regeln der Zurückhaltung der Wohlerzogenheit etwas zu emanzipieren. Sie kamen mir vor wie Gesetze der Harmonie, die zwar im allgemeinen Gültigkeit haben, aber doch vielfach von dem lebendigen Fluß der Musik überflutet werden. Es ging mir immer mehr auf, wie viel Gutes wir versäumen, wenn wir uns sklavisch in die Zurückhaltung einschließen lassen, die uns die gewöhnliche Sitte des Umgangs auferlegt.

Sicherlich müssen wir uns dagegen anhalten, einer dem andern gegenüber taktvoll zu sein und nicht ungerufen an seinen Angelegenheiten teilzunehmen. Dabei haben wir uns auch der Gefahr bewußt zu bleiben, die in dieser durch das tägliche Leben gebotenen Zurückhaltung liegt. Es darf nicht sein, daß wir uns dem Unbekannten gegenüber in absolute Fremdheit bannen lassen. Kein Mensch ist jemals einem Menschen ein vollständig und dauernd Fremder. Mensch gehört zu Mensch. Mensch hat Recht auf Mensch. Große und kleine Umstände können eintreten, die die Fremdheit, die wir uns im täglichen Leben auferlegen müssen, außer Kraft setzen und uns als Mensch zu Mensch miteinander in Beziehung bringen. Das Gesetz der Zurückhaltung ist bestimmt, durch das Recht der Herzlichkeit durchbrochen zu werden. So kommen wir alle in diese Lage, aus der Fremdheit herauszutreten und für einen Menschen Mensch zu werden. Zu oft versäumen wir es, weil die geltenden Anschauungen von Wohlerzogenheit, Höflichkeit und Takt uns unsere Unmittelbarkeit genommen haben. Dann versagen wir einer dem andern, was wir ihm geben möchten und wonach er Sehnsucht hat. Viel Kälte ist unter den Menschen, weil wir nicht wagen, uns so herzlich zu geben, wie wir sind.

Ich hatte das Glück, in meiner Jugend einigen Menschen zu begegnen, die sich, bei aller Achtung der geltenden gesellschaftlichen Formen, ihre Unmittelbarkeit gewahrt hatten. Als ich sah, was sie den Menschen damit gaben, bekam ich Mut, selber zu versuchen, so natürlich und herzlich zu sein, wie ich es empfand. Die Erfahrungen, die ich dabei gemacht habe, haben es nicht zugelassen, daß ich mich jemals wieder ganz unter das Gesetz der Zurückhaltung begab. So gut ich kann, suche ich nun, die Herzenshöflichkeit mit der geltenden Höflichkeit zu vereinen. Ob ich es immer richtig mache, weiß ich nicht. Regeln darüber vermag ich ebensowenig aufzustellen als dafür, wann man sich in der Musik den überlieferten Gesetzen der Harmonie beugen soll und wann man dem Geiste der Musik, der über allen Gesetzen steht, folgen darf. Soviel aber habe ich erfahren dürfen, daß das Hinwegsetzen über die geltenden Regeln, das wirklich durch das Herz diktiert wird und aus Überlegung kommt, von den andern selten für gedankenlose Aufdringlichkeit genommen wird.

Die Ideen, die das Wesen und das Leben eines Menschen bestimmen, sind in ihm auf geheimnisvolle Weise gegeben.

Wenn er aus der Kindheit heraustritt, fangen sie an, in ihm zu knospen. Wenn er von der Jugendbegeisterung für das Wahre und Gute ergriffen wird, blühen sie und setzen Frucht an. In der Entwicklung, die wir nachher durchmachen, handelt es sich eigentlich nur darum, wieviel von dem, was unser Lebensbaum in seinem Frühling an Frucht ansetzte, an ihm bleibt.

Die Überzeugung, daß wir im Leben darum zu ringen haben, so denkend und so empfindend zu bleiben, wie wir es in der Jugend waren, hat mich wie ein treuer Berater auf meinem Wege begleitet. Instinktiv habe ich mich dagegen gewehrt, das zu werden, was man gewöhnlich unter einem „reifen Menschen" versteht.

Der Ausdruck „reif" auf den Menschen angewandt, war mir und ist mir noch immer etwas Unheimliches. Ich höre dabei die Worte Verarmung, Verkümmerung, Abstumpfung als Dissonanzen miterklingen. Was wir gewöhnlich als Reife an einem Menschen zu sehen bekommen, ist eine resignierte Vernünftigkeit. Einer erwirbt sie sich nach dem Vorbilde anderer, indem er Stück um Stück die Gedanken und Überzeugungen preisgibt, die ihm in seiner Jugend teuer waren. Er glaubte an den Sieg der Wahrheit; jetzt nicht mehr. Er glaubte an die Menschen; jetzt nicht mehr. Er glaubte an das Gute; jetzt nicht mehr. Er eiferte für Gerechtigkeit; jetzt nicht mehr. Er vertraute in die Macht der Gütigkeit und der Friedfertigkeit; jetzt nicht mehr. Er konnte sich begeistern; jetzt nicht mehr. Um besser durch die Fährnisse und Stürme des Lebens zu schiffen, hat er sein Boot erleichtert. Er warf Güter aus, die er für entbehrlich hielt. Aber es war der Mundvorrat und der Wasservorrat, dessen er sich entledigte. Nun schifft er leichter dahin, aber als verschmachtender Mensch.

In meiner Jugend habe ich Unterhaltungen von Erwachsenen mitangehört, aus denen mir eine das Herz beklemmende Wehmut entgegenwehte. Sie schauten auf den Idealismus und die Begeisterungsfähigkeit ihrer Jugend als auf etwas

Kostbares zurück, das man sich hätte festhalten sollen. Zugleich aber betrachten sie es als eine Art Naturgesetz, daß man das nicht könne.

Da bekam ich Angst, auch einmal so wehmütig auf mich selber zurückschauen zu müssen. Ich beschloß, mich diesem tragischen Vernünftigwerden nicht zu unterwerfen. Was ich mir in fast knabenhaftem Trotze gelobte, habe ich durchzuführen versucht.

Zu gern gefallen sich die Erwachsenen in dem traurigen Amt, die Jugend darauf vorzubereiten, daß sie einmal das meiste von dem, was ihr jetzt das Herz und den Sinn erhebt, als Illusion ansehen wird. Die tiefere Lebenserfahrung aber redet anders zu der Unerfahrenheit. Sie beschwört die Jugend, die Gedanken, die sie begeistern, durch das ganze Leben hindurch festzuhalten. Im Jugendidealismus erschaut der Mensch die Wahrheit. In ihm besitzt er einen Reichtum, den er gegen nichts eintauschen soll.

Wir alle müssen darauf vorbereitet sein, daß das Leben uns den Glauben an das Gute und Wahre und die Begeisterung dafür nehmen will. Aber wir brauchen sie ihm nicht preiszugeben. Daß die Ideale, wenn sie sich mit der Wirklichkeit auseinandersetzen, gewöhnlich von den Tatsachen erdrückt werden, bedeutet nicht, daß sie von vornherein vor den Tatsachen zu kapitulieren haben, sondern nur, daß unsere Ideale nicht stark genug sind. Nicht stark genug sind sie, weil sie nicht rein und stark und stetig genug in uns sind.

Die Macht des Ideals ist unberechenbar. Einem Wassertropfen sieht man keine Macht an. Wenn er aber in den Felsspalt gelangt und dort Eis wird, sprengt er den Fels; als Dampf treibt er den Kolben der mächtigen Maschine. Es ist dann etwas mit ihm vorgegangen, das die Macht, die in ihm ist, wirksam werden ließ.

So auch mit dem Ideal. Ideale sind Gedanken. Solange sie nur gedachte Gedanken sind, bleibt die Macht, die in ihnen ist, unwirksam, auch wenn sie mit größter Begeisterung und festester Überzeugung, gedacht werden. Wirksam wird ihre Macht erst, wenn mit ihnen dies vorgeht, daß das Wesen eines geläuterten Menschen sich mit ihnen verbindet. Die Reife, zu der wir uns zu entwickeln haben, ist die, daß wir an uns arbeiten müssen, immer schlichter, immer wahrhaftiger, immer lauterer, immer friedfertiger, immer sanftmütiger, immer gütiger, immer mitleidiger zu werden. In keine andere Ernüchterung als in diese haben wir uns zu ergeben. In ihr härtet sich das weiche Eisen des Jugendidealismus zum Stahl des unverlierbaren Lebensidealismus.

Das große Wissen ist, mit den Enttäuschungen fertig zu werden. Alle Tatsachen sind Wirkung von geistiger Kraft; die erfolgreichen von Kraft, die stark genug ist, die erfolglosen von Kraft, die nicht stark genug ist. Mein Verhalten der Liebe richtet nichts aus. Das ist, weil noch zu wenig Liebe in mir ist. Ich bin ohnmächtig gegen die Unwahrhaftigkeit und die Lüge, die um mich herum ihr Wesen haben. Das hat zum Grunde, daß ich selber noch nicht wahrhaftig genug bin. Ich muß zusehen, wie Mißgunst und Böswilligkeit weiter ihr trauriges Spiel treiben. Das heißt, daß ich selber Kleinlichkeit und Neid noch nicht ganz abgelegt habe. Meine Friedfertigkeit wird mißverstanden und gehöhnt. Das bedeutet, daß noch nicht genug Friedfertigkeit in mir ist.

Das große Geheimnis ist, als unverbrauchter Mensch durchs Leben zu gehen. Solches vermag, wer nicht mit den Menschen und Tatsachen rechnet, sondern in allen Erlebnissen auf sich selbst zurückgeworfen wird und den letzten Grund der Dinge in sich sucht.

Wer an seiner Läuterung arbeitet, dem kann nichts den Idealismus rauben. Er erlebt die Macht der Ideen des Wahren und Guten in sich. Wenn er von dem, was er nach außen hin dafür wirken will, gar zu wenig bemerkt, so weiß er dennoch, daß er soviel wirkt, als Läuterung in ihm ist. Nur ist der Erfolg noch nicht eingetreten oder er bleibt seinem Auge verborgen. Wo Kraft ist, ist Wirkung von Kraft. Kein Sonnenstrahl geht verloren. Aber das Grün, das er weckt, braucht Zeit zum Sprießen, und dem Sämann ist nicht immer beschieden, die Ernte mitzuerleben. Alles wertvolle Wirken ist Tun auf Glauben.

Das Wissen vom Leben, das wir Erwachsene den Jugendlichen mitzuteilen haben, lautet also nicht: „Die Wirklichkeit wird schon unter euren Idealen aufräumen“, sondern: „Wachset in eure Ideale hinein, daß das Leben sie euch nicht nehmen kann.“

Wenn die Menschen das würden, was sie mit vierzehn Jahren sind, wie ganz anders wäre die Welt!

Als einer, der versucht, in seinem Denken und Empfinden jugendlich zu bleiben, habe ich mit den Tatsachen und der Erfahrung um den Glauben an das Gute und Wahre gerungen. In dieser Zeit, wo Gewalttätigkeit in Lüge gekleidet so unheimlich wie noch nie auf dem Throne der Welt sitzt, bleibe ich dennoch überzeugt, daß Wahrheit, Liebe, Friedfertigkeit, Sanftmut und Gütigkeit die Gewalt sind, die über aller Gewalt ist. Ihnen wird die Welt gehören, wenn nur genug Menschen die Gedanken der Liebe, der Wahrheit, der Friedfertigkeit und der Sanftmut rein und stark und stetig genug denken und leben.

Alle gewöhnliche Gewalt beschränkt sich selber. Denn sie erzeugt Gegengewalt, die ihr früher oder später ebenbürtig oder überlegen wird. Die Gütigkeit aber wirkt einfach und stetig. Sie erzeugt keine Spannungen, die sie beeinträchtigen. Bestehende Spannungen entspannt sie, Mißtrauen und Mißverständnisse bringt sie zur Verflüchtigung, sie verstärkt sich selber, indem sie Gütigkeit hervorruft. Darum ist sie die zweckmäßigste und intensivste Kraft.

Was ein Mensch an Gütigkeit in die Welt hinausgibt, arbeitet an den Herzen und an dem Denken der Menschen. Unsere törichte Versäumnis ist, daß wir mit der Gütigkeit nicht Ernst zu machen wagen. Wir wollen die große Last wälzen, ohne uns des die Kraft verhundertfachenden Hebels zu bedienen.

Eine unermeßlich tiefe Wahrheit liegt in dem phantastischen Worte Jesu: „Selig sind die Sanftmütigen, denn sie werden das Erdreich besitzen."

VI

Ethik als Leben im Geiste Jesu Christi

Lebendige Wahrheit wird das Christentum den aufeinanderfolgenden Geschlechtern werden, wenn in ihnen ständig Denker auftreten, die im Geiste Jesu den Glauben an ihn in den Gedanken der Weltanschauung ihrer Zeit zur Erkenntnis werden lassen. Wo das Christentum zu einem überlieferten Glauben wird, der den Anspruch erhebt, von den Einzelnen einfach übernommen zu werden, verliert es die Beziehung zu dem geistigen Leben der Zeit und die Fähigkeit, in neuer Weltanschauung neue Gestalt anzunehmen. Hört die Auseinandersetzung zwischen Überlieferung und Denken auf, so leidet die christliche Wahrheit und mit ihr die christliche Wahrhaftigkeit Not. Darum hat es eine so tiefe Bedeutung, daß Paulus es als etwas Selbstverständliches unternimmt, den Glauben an Jesum Christum in dem Materiale der eschatologischen Weltanschauung seiner Zeit in seinem ganzen Umfang und seiner ganzen Tiefe auszudenken. Die Worte „Den Geist dämpfet nicht“ und „Wo der Geist des Herrn ist, da ist Freiheit“, die er in die Entstehungsurkunden des Christentums eingetragen hat, besagen, daß das denkende Christentum in dem glaubenden sein Recht haben soll und daß es dem Kleinglauben niemals gelingen darf, mit der Ehrfurcht vor der Wahrheit fertig zu werden.

Das Christentum ist also Christusmystik, das heißt gedanklich begriffene und im Erleben verwirklichte Zusammengehörigkeit mit Christo als unserem Herrn. Indem Paulus Jesum kurzweg als unseren Herrn bezeichnet, erhebt er ihn über alle zeitlich gegebenen Vorstellungen hinaus, in denen das Geheimnis seiner Persönlichkeit begriffen werden kann, und stellt ihn als das alles menschliche Definieren überragende geistige Wesen hin, an das wir uns hinzugeben haben, um in ihm die wahre Bestimmtheit unseres Daseins und unseres Wesens zu erleben.

Alle Versuche, dem Christentum den Charakter als Christusmystik zu nehmen, bedeuten eine ohnmächtige Auflehnung gegen den Geist der Erkenntnis und der Wahrheit, der in dem ersten und größten aller christlichen Denker zu Worte kommt.

Wie die Philosophie von tausend Abwegen zuletzt immer wieder zur elementaren Einsicht zurückkehren muß, daß alle wahrhaft tiefe und lebendige Weltanschauung mystischer Art ist, insofern als sie irgendwie in bewußter und wollender Hingabe an den geheimnisvollen unendlichen Willen zum Leben besteht, aus dem wir sind, so kann das christlich bestimmte Denken nicht anders, als diese Hingabe an Gott, wie Paulus es schon tut, als in der Gemeinschaft mit dem Wesen Jesu Christi zustande kommend zu begreifen.

Gottesmystik als unmittelbares Einswerden mit dem unendlichen Schöpferwillen Gottes ist unvollziehbar. Alle Versuche, lebendige Religion aus reiner monistischer Gottesmystik zu gewinnen, sind vergeblich, ob sie im Stoizismus, bei Spinoza, im indischen oder im chinesischen Denken unternommen werden. Sie erfassen die Richtung, aber sie finden den Weg nicht. Aus dem Einswerden mit der unendlichen Wesenhaftigkeit des Allwillens zum Sein ergibt sich keine andere als eine passive Bestimmtheit des menschlichen Daseins, ein Aufgehen in Gott als ein Untergehen im Ozean des Unendlichen. Reine Gottesmystik bleibt etwas Totes. Einen Inhalt bekommt das Einswerden des endlichen Willens mit dem unendlichen erst, wenn es als Stillewerden in ihm und zugleich als Ergriffensein von dem Liebeswillen erlebt wird, der in uns zum Bewußtsein seiner selbst kommt und in uns Tat werden will.

Auf den Pfad des Lebens gelangt die Mystik nur, wenn sie durch den Gegensatz des Liebeswillens Gottes zu seinem unendlichen, rätselhaften Schöpferwillen hindurchgeht und über ihn hinauskommt. Weil das menschliche Denken das Ewige nicht erkennen kann, wie es an sich ist, ist ihm gesetzt, beim Dualismus anzulangen und ihn überwinden zu müssen, um sich in dem Ewigen zurechtfinden zu können. Wohl muß es in alle Rätsel des Seins hineinschauen, die sich dem Denken auftun und es beunruhigen. Zuletzt aber darf es alles Unerkennbare dahingestellt sein lassen und den Weg gehen, Gottes als des Willens der Liebe gewiß werden zu wollen und in ihm Frieden und Betätigung zu finden.

Die messianisch-eschatologische Weltanschauung ist die in unbefangenem, kraftvollem Denken erfolgende Überwindung des Dualismus durch das sieghafte Auftreten des Glaubens an den Gott der Liebe in dem an den unendlich rätselhaften Schöpfergott. Darum muß alle religiöse Mystik irgendwie messianischen Glauben in sich aufnehmen, um den Odem des Lebens zu empfangen. So ist die messianisch-eschatologische Mystik Pauli ein Ausdruck der zur lebendigen Wahrheit durchgedrungenen religiösen Mystik als solcher. In Jesu Christo wird Gott als Wille der Liebe offenbar. In der Gemeinschaft mit Christo verwirklicht sich also die Gemeinschaft mit Gott, wie sie uns bestimmt ist.

Daß Paulus durch die eschatologische Weltanschauung gehemmt ist, Christusmystik mit Gottesmystik gleichzusetzen, hat eine tiefe Bedeutung. Für alles Erkennen bleibt Gottesmystik stets etwas Unvollendetes und Unvollendbares. Indem Paulus sich dabei bescheidet, in der Gemeinschaft mit Christo die Gotteskindschaft verwirklicht zu sehen, ohne diese Kindschaft als Sein in Gott begreiflich machen zu wollen, ist er wie ein Leuchtturm, der die christliche Mystik aus allen ihren Irrfahrten in die Wasser zurückleitet, in denen ihre Fahrt verlaufen soll. Auf die Fluten des Ewigen hinausscheinend, steht Pauli Mystik auf dem festen Grund der geschichtlichen Erscheinung Jesu Christi. – –

Eine Wandlung hat sich in unserem Glauben an das Reich Gottes vollzogen. Wir schauen nicht mehr auf eine naturhafte Umgestaltung der Verhältnisse dieser Welt aus, sondern nehmen das Weiterbestehen des naturhaft gegebenen Übels und Leidens als etwas hin, das uns von Gott zu tragen bestimmt ist. Unser Hoffen auf das Reich stellen wir auf das Wesentliche und Geistige desselben ein und glauben an dasselbe als an das durch den Geist gewirkte Wunder der Unterwerfung der Menschheit unter den Willen Gottes. Diesen Glauben an das durch das Wunder des Geistes kommende Reich müssen wir mit derselben Glut im Herzen tragen wie das Urchristentum seine Hoffnung auf die Erhebung der Welt in den übernatürlichen Zustand. Das Christentum vermag nichts dawider, daß ihm von Gott gesetzt ist, seinen Glauben zu vergeistigen. Unsere Sorge aber muß sein, daß die Stärke unseres Glaubens durch die Wandlung desselben nicht betroffen wird. Es ist Zeit, daß unser Christentum sich davon Rechenschaft gibt, ob wir wirklich noch Glauben an das Reich Gottes haben oder ob wir ihn nur noch in überlieferten Sätzen mitführen. In einem tiefen Sinne gilt dem dogmatischen Sorgen unserer Tage das Wort Jesu: „Trachtet am ersten nach dem Reiche Gottes und nach seiner Gerechtigkeit, so wird euch dies alles zufallen."

Wo der christliche Glaube es aber unternimmt, die Bedeutung der Erscheinung Jesu und das Wesen der durch ihn gebrachten Erlösung in lebendigem Glauben an das Reich Gottes zu begreifen, trifft er auf Paulus als den Wegbereiter solchen Christentums. Nimmer aufhörendes Urchristentum redet aus seinen Worten heraus.

Groß ist die reformatorische Wirkung, die Paulus durch seine Lehre von der Rechtfertigung allein durch den Glauben gegen den Geist der Werkgerechtigkeit im Christentum entfaltet hat. Noch Größeres wird er ausrichten, wenn seine Mystik des Erlöstseins in das Reich Gottes durch die Gemeinschaft mit Christo in stillem Wirken unter uns die Macht zu entfalten beginnt, die in ihr liegt.

*

So sehr gegen alle falschen spiritualisierenden und symbolischen Erklärungen der mystischen Erlösungslehre Pauli betont werden muß, daß sie naturhaft gedacht ist, so sicher ist andererseits, daß dieses Naturhafte wie von selbst geistige und ethische Bedeutung annimmt.

Wie Radium seiner Natur nach in steter Emanation begriffen ist, so die paulinische Mystik in steter Umsetzung aus dem Naturhaften ins Geistige und Ethische. Wunderbar leuchten die geistige und die ethische Bedeutung in der naturhaften auf. Darin bekundet sich, daß das Naturhaft-Eschatologische nur das äußere Wesen dieser Mystik ausmacht, während ihr inneres durch die tiefe Verbundenheit der Vorstellung der Erlösung mit dem Glauben an das Reich Gottes bestimmt ist, die ihre Bedeutung behält, auch wenn der Begriff des Reiches Gottes sich aus dem Naturhaften ins Geistige wandelt. Darum sind Pauli Worte von dem in den Geschehnissen unseres Daseins und in unserem Denken und Wollen zu erlebenden Sterben und Auferstehen mit Christo in unserer Weltanschauung ebenso wahr als in der seinen.

Durch seine Lehre vom Geist schlägt er selber die Brücke von jener Weltanschauung zu der unsrigen. Während der Glaube seiner Zeitgenossen noch ganz durch die äußeren Phänomene des Geistbesitzes fasziniert ist, erfaßt er den Geist als das Sichtbarwerden aller Strahlungen des Überirdischen in dem Irdischen. Diese Strahlungen bewertet er nicht nach der Lichtstärke, die sie haben, sondern nach der Wirkung, die sie entfalten. So stellt er die unscheinbaren ethischen Erweisungen des Geistes am höchsten und erkennt die Liebe als die Gabe, in der das Ewige, wie es an sich ist, in dem Zeitlichen Wirklichkeit wird.

Pauli Lehre vom Geist besagt also, daß das Metaphysische der Erlösung als Teilhaben am ewigen Leben in der Zeit unseres Seins in der irdischen Welt als ein Geistig-Ethisches in Erscheinung tritt.

Der Geist Jesu, den wir als ethischen Geist in uns zur Wirkung kommen lassen, ist identisch mit dem Geiste, der uns das ewige Leben verleiht. Das Metaphysische und das Geistig-Ethische sind bei Paulus also in der Art identisch, daß das Geistig-Ethische das Metaphysische in sich trägt.

Diese in der eschatologischen Weltanschauung entstandene Auffassung der Einheit des Ewigen und des Ethischen trägt unvergängliche Wahrheit in sich. Unser Denken findet sich in ihr wieder, als wäre sie aus ihm geboren.

Das Einzigartige der paulinischen Erlösungslehre ist, daß sie in tiefem Denken und zugleich in unmittelbarem Erleben entstanden ist. Dieses Tiefe ist ein Elementares, weil es den Drang zum Erlebtwerden in sich trägt.

Das Erlebnis, das Paulus uns als die Pforte des Eingangs zum Ewigen auftut, ist das Sterben und Auferstehen mit Christo. Was liegt alles in der Tatsache, daß er das Zustandekommen des neuen Lebens nicht als Wiedergeburt bezeichnet! Er geht an diesem in der Sprache, die er redet und schreibt, geprägt vorliegenden Ausdruck vorüber, weil er in der eschatologischen Lehre von der Erlösung unmöglich ist. Gehören die Erwählten dem Reiche Christi in der Seinsweise der Auferstehung an, so kann ihre Erlösung als ein schon im natürlichen Dasein vorweggenommenes Teilhaben an demselben nur darin bestehen, daß sie in der Gemeinschaft mit Christo ein verborgenes Sterben und Auferstehen durchmachen, durch das sie neue, der Welt und ihrem eigenen natürlichen Wesen bereits enthobene und in die Seinsweise des Reiches Gottes versetzte Menschen werden. Diese im Vorstellungsmaterial der eschatologischen Weltanschauung naturhaft-sachlich gedachte Auffassung der Erlösung trägt zugleich eine ungeheure geistige Sachlichkeit in sich. Während der Gedanke der Wiedergeburt ein Gleichnis bleibt, das aus einer anderen Welt an den urchristlichen Glauben herangetragen wird, ist die Vorstellung des Sterbens und Auferstehens mit Christo aus ihm geboren und wird für jeden Menschen, der bei Christo neues Leben sucht, zu einer sich stets erneuernden urchristlichen Wahrheit. –

Scharenweise treten aus Pauli Briefen Worte heraus, die uns das Geleite durchs Leben anbieten, vertraute Worte, weil wir sie kennen, immer neue Worte, weil sie sich denjenigen, die sich ihnen anvertrauen, in immer neuer Bedeutung offenbaren. Der Gedanke des Sterbens und Auferstehens mit Christo bringt uns in eine immer weitere Kreise ziehende innerliche Auseinandersetzung mit unserem Dasein. Von ihm empfangen wir eine Deutung der Geschehnisse, die uns begegnen. Er läßt uns nicht in den Ereignissen dahingehen, sondern hält uns an, in ihnen den uns bestimmten Weg aus dem natürlichen Sein zum Sein im Geiste zu suchen. Wollen wir ruhig dahinleben, so fällt er uns mit der Frage an, ob sich in unseren Gedanken das Ergriffensein durch Christum auslebt, oder ob dieses uns als ein fernes Wort am Horizonte des Lebens steht.

Wer in die Gewalt des Gedankens vom Sterben und Auferstehen mit Christo geraten ist, kommt in ein immer tieferes Erleben der Sünde hinein und erlangt in dem Ringen um das Absterben von der Sünde eine stille Gewißheit der Sündenvergebung. Solches verheißt Paulus denen, die, wie er, das Erlöstsein durch Christum in sachlicher Weise in ihrem Leben zur Tat werden lassen wollen.

Wie ergreifend wahr ist seine Lehre, daß wir Christi Geist nicht als natürliche Menschen, sondern nur insoweit besitzen können, als etwas von dem Sterben mit Christo in uns Wirklichkeit geworden ist!

*

Diejenigen, die durch Christum aus dieser Welt erlöst sind, läßt Paulus nicht aus ihr heraustreten, sondern stellt sie in sie hinein, daß sie in ihr die Kräfte ihres Seins im Reiche Gottes bewähren. Seine ungeheure Sachlichkeit bewahrt Paulus vor aller Überspanntheit. Weil der Gedanke des Sterbens und Auferstehens mit Christo in dem Glauben an das Reich Gottes wurzelt, drängt die in ihm enthaltene Weltverneinung nicht zur Askese und zur Absonderung von der Welt. So bleibt diese religiöse und dazu noch in der Weltanschauung der Weltenderwartung entstandene Ethik bei aller Glut, die in ihr lodert, gesund und natürlich. Aus tiefer Notwendigkeit und in wunderbarer Selbstverständlichkeit läßt sie das Erlebnis des Erlöstseins in der Gemeinschaft mit Christo als Erweisung des Geistes des Seins im Reiche Gottes Tat werden.

In Pauli Reich-Gottes-Frömmigkeit hat sich die unsrige zu erneuern. Als moderne Menschen sind wir in Gefahr, mit unserem Glauben an das Reich Gottes in Reich-Gottes-Propaganda und äußerlicher Reich-Gottes-Arbeit steckenzubleiben. Die neuzeitliche Reich-Gottes-Frömmigkeit ruft die Menschen zu Reich-Gottes-Arbeit auf, als könnte jemand etwas für das Reich Gottes tun, der nicht Reich Gottes in sich trägt. So sind wir in der besten Absicht stets in Gefahr, veräußerlichtem Reich-Gottes-Glauben ergeben zu sein.

Pauli Reich-Gottes-Glaube zieht die Möglichkeit einer Entwicklung dieser natürlichen Welt zum Reiche Gottes nicht in Betracht. Aber, obwohl er diese Welt aufgibt, mutet er dem Erlösten dennoch zu, den Geist des Reiches Gottes, der in ihm ist, in ihr zu betätigen. Rein aus innerer Notwendigkeit, nicht mit Absicht auf Erfolg entsteht so Wirken, das durch das Reich Gottes bestimmt ist. Wie ein Stern aus dem Zwange des Glanzes, der in ihm ist, über einer dunkeln Welt leuchtet, auch wenn keine Aussicht ist, daß er einen Morgen kündet, der über ihr aufgehen wird, also sollen die Erlösten das Licht des Reiches Gottes in der Welt erstrahlen lassen.

Um diese Betätigung des Reiches Gottes aus innerer Notwendigkeit muß sich alle auf zweckmäßige Verwirklichung derselben gehende Arbeit als um ihren Kern anlegen. Immer haben wir des unerbittlichen Gesetzes eingedenk zu bleiben, daß wir nur so viel Reich Gottes in die Welt bringen können, als wir in uns tragen.

Diese Verinnerlichung erlebt unsere Reich-Gottes-Frömmigkeit in der des Paulus. In ihr gestählt, wird sie unabhängig davon, daß ihr der Geist der Zeit entgegenkommt und daß sie Erfolg sieht. Wohl können wir als solche, die aus der eschatologischen Weltanschauung herausgetreten sind, nicht anders, als die Umgestaltung der Verhältnisse der Menschheit im Sinne des Reiches Gottes wollen und an ihr arbeiten. Der Geist Gottes, der aus der Nichterfüllung der eschatologischen Erwartung des Reiches Gottes zu uns redet, gebietet es uns. Urchristlich aber muß unser Glaube an das Reich Gottes darin bleiben, daß wir seine Verwirklichung nicht von zweckmäßigen und organisatorischen Maßnahmen, sondern von einem Mächtigwerden des Geistes Gottes erwarten. So wissen wir auch, daß die aus innerer Notwendigkeit geschehende Erweisung des Geistes des Reiches Gottes, dessen wir im Sterben und Auferstehen mit Christo teilhaftig werden, die Reich-Gottes-Arbeit ist, ohne die alle andere umsonst bleibt. –

Mystik ist nicht etwas, das fremd an das Evangelium Jesu herangetragen wird. Dieses selber ist ja nicht einfache Verkündigung des Reiches Gottes, sondern verheißt in geheimnisvollen Worten die Erlangung des Reiches Gottes und die damit gegebene Erlösung denen, die mit Jesus als dem zukünftigen Herrn des Reiches in Gemeinschaft sind. So hat die mystische Erlösungslehre Pauli ihre Wurzeln in dem Evangelium Jesu. In Pauli Lehre von der Notwendigkeit des Sterbens und Auferstehens mit Christo leben die Worte weiter, in denen Jesus die Seinen beschwört, mit ihm zu leiden und zu sterben, um ihr Leben zu gewinnen, indem sie es mit ihm verlieren. Was tut Paulus anderes, als solchen Worten Jesu die Bedeutung zu geben, die sie für alle, die ihm jemals angehören wollen, in sich tragen!

In derselben Weise lebt in Pauli Ethik die des Evangeliums Jesu weiter. Jesu Ethik des Bereitseins auf das überirdische Reich Gottes wird bei Paulus zur Ethik des Erlöstseins in die Seinsweise des Reiches Gottes, das in der Gemeinschaft mit Jesus erlebt wird. Durch den Gedanken der bereits Wirklichkeit gewordenen Erlösung durch Christum wandelt sich bei ihm die Ethik der Erwartung des Reiches Gottes in die der Bewährung derselben. Sie tritt aus der Abhängigkeit von der eschatologischen Erwartung heraus und verbindet sich mit der Gewißheit, daß mit Christo die Verwirklichung des Reiches begonnen hat.

Dabei behält sie die ganze Unmittelbarkeit und Wucht der Ethik der Bergpredigt. In seinem vollen Glanze erstrahlt Jesu großes Gebot der Liebe in Pauli Hymnus von der Liebe, die größer ist als Glaube und Hoffnung, und in Geboten, die er für das alltägliche Leben ausgibt.

In den Herzen, in denen Pauli Mystik der Gemeinschaft mit Christo lebendig wird, ist nimmer ersterbende Sehnsucht nach dem Reiche Gottes und zugleich Trost, daß wir seine Vollendung nicht schauen. Drei Dinge machen die Gewalt des Denkens Pauli aus. Es eignen ihm eine Tiefe und eine Sachlichkeit, die uns in ihren Bann zwingen. Das Feuer des urchristlichen Glaubens schlägt aus ihm in den unsrigen hinein. Ein Erleben mit Christo als dem Herrn des Reiches Gottes spricht aus ihm, das uns in die Bahn gleichen Erlebens reißt. Paulus führt uns auf den sachlichen Weg der Erlösung. Er liefert uns Christo aus...

VII

Philosophie und Tierschutzbewegung

Die Tierschutzbewegung hat von der europäischen Philosophie keine Unterstützung erfahren. Entweder hält diese die Betätigung des Mitleids gegen die Geschöpfe für eine Sentimentalität, die mit vernünftiger Ethik nichts zu tun hat, oder sie gesteht ihr nur eine mehr nebensächliche Bedeutung zu. Für Descartes sind die Tiere bloße Maschinen. Sie bedürfen unseres Mitleids nicht. Der englische Ethiker Jeremy Bentham (1748–1832) sieht die Güte den Geschöpfen gegenüber hauptsächlich als eine Übung der Güte gegen die Menschen an. Ähnlich urteilt Kant. Ausdrücklich betont er, daß die Ethik eigentlich nur mit den Pflichten des Menschen gegen den Menschen zu tun hat.

Diesen grundsätzlichen Standpunkt sucht die europäische Philosophie festzuhalten, auch wo sie der Tierschutzbewegung sympathisch gegenübersteht. Sie kann sich nicht entschließen, den entscheidenden Schritt zu tun, das gütige Verhalten gegen die Geschöpfe in absolut derselben Weise als eine Forderung der Ethik gelten zu lassen wie das gegen die Menschen.

In dem chinesischen und dem indischen Denken spielt die Verantwortlichkeit des Menschen der Kreatur gegenüber eine viel größere Rolle als in dem europäischen.

In ergreifenden Worten redet der chinesische Philosoph Meng-Tse (372–289), der der Schule des Konfuzius (552 bis 479) angehört, von dem Mitleid gegen die Tiere. Lieh-Tse, aus der Schule des Lao-Tse (6. Jahrhundert v. Chr.), spricht die Überzeugung aus, daß das Herz und das Gemüt der Tiere nicht so sehr von denen der Menschen verschieden seien, wie man es gewöhnlich annehme. Yang-Dschu bekämpft das Vorurteil, als ob die Geschöpfe nur um des Menschen willen und zu seinem Gebrauch da seien. Ihre Existenz habe eine Bedeutung und einen Wert an sich.

Eine große Rolle spielt das Mitleid gegen die Tiere in dem Kan-Ying-Pien (Das Buch von den Belohnungen und den Strafen), einer chinesischen Sammlung von 212 ethischen Sprüchen, die aus der Zeit der Sung-Dynastie (960–1227 n. Chr.) stammt. Die Sprüche selber sind wohl viel älter. In dieser Spruch-Sammlung, die noch heute ein großes Ansehen im Volke besitzt, wird der Gedanke ausgedrückt, daß der „Himmel" (das heißt Gott) allen Kreaturen das Leben verleiht. Also müssen wir, um mit dem „Himmel" in Harmonie zu sein, uns gütig gegen alle Geschöpfe verhalten. Das Kan-Ying-Pien verurteilt die Freude an der Jagd als unedel. Es rechnet auch die Pflanzen zu den Geschöpfen und verlangt, daß man sie nicht ohne Notwendigkeit schädige. Von dieser Spruchsammlung existiert eine Ausgabe, in der jeder vom Mitleid gegen die Tiere handelnde Spruch durch einige Erzählungen erläutert wird.

In den Regeln der taoistischen Mönchsorden, auf die die Mönche auch heute noch verpflichtet werden, wird ihnen Gütigkeit gegen die Geschöpfe zur Pflicht gemacht. So, zum Beispiel, sollen sie es vermeiden, kochendes Wasser auf den Boden zu gießen, weil dadurch Insekten getötet oder geschädigt werden könnten.

Dem indischen Denken ist der Grundsatz der Zusammengehörigkeit aller Existenzen – der menschlichen, der tierischen und der pflanzlichen – etwas Selbstverständliches. Er ist in der Anschauung der Brahmanen gegeben, daß alle individuellen Seelen aus der Welt-Seele (dem Brahman) hervorgehen und wieder in sie zurückkehren. Er findet sich auch in der Lehre der Reinkarnation. Das Verhältnis des Menschen zu den Kreaturen ist durch das Gebot des Nichttötens und Nichtschädigens – das gewöhnlich als Ahimsagebot bezeichnet wird – bestimmt. Die Idee der Ahimsa ist wohl nicht brahmanischen Ursprungs, da sonst unerklärlich bliebe, wie die Brahmanen an dem Brauche der Tieropfer festhalten konnten. Sie scheint in den Kreisen der jinistischen Mönche aufgekommen zu sein. Die Anfänge dieses Mönchsordens reichen wohl bis in das 8. Jahrhundert v. Chr. zurück.

Der Ursprung des Ahimsa-Gebots ist – so merkwürdig uns dies vorkommen mag – nicht das lebendige Mitleid mit der Kreatur, sondern die Idee des Reinbleibens von der Welt. Das Ahimsa-Gebot ergibt sich aus dem allgemeinen Prinzip des Nichttätigseins, wie es in der indischen Welt- und Lebensverneinung begründet ist, und wie es die Mönche in Weltentsagung zu verwirklichen suchen. Es ist eine ethische Deutung dieses Prinzips. War aber einmal das Gebot des Nichttötens und Nichtschädigens auf diesem Wege zur Anerkennung gekommen, so war unausbleiblich, daß es nachher aus dem Motive des Mitleids verstanden und ausgelegt wurde. Dies findet dann tatsächlich bei Buddha (gestorben etwa 480 v. Chr.) statt.

Aber das indische Mitleid mit der Kreatur ist unvollständig. Es gebietet nur, daß man das Töten und Schädigen von Lebewesen unterlassen solle, nicht aber auch, daß man ihnen in tätiger Weise beistehen solle. In dieser Beschränkung zeigt sich, daß die Ahimsa-Idee nicht aus lebendigem Mitleidsempfinden entstanden ist, sondern ursprünglich eine ethische Anwendung des sich aus der Welt- und Lebensverneinung ergebenden Prinzips der Nichtaktivität ist. Natürlich bleibt auch in Indien das Mitleid nicht streng in dem Kreise der Enthaltung vom Tun eingeschlossen. Aber die indische Ethik ist, soweit sie unter der Herrschaft der Welt- und Lebensverneinung steht, nicht in der Lage, tätiges Mitleid gegen die Kreatur grundsätzlich zu fordern.

Sehr oft wird die Frage aufgeworfen, warum das Mitleid gegen die Kreatur nicht vom Christentum als Gebot aufgestellt worden sei, besonders da das jüdische Gesetz schon Bestimmungen der Fürsorge für die Tiere enthält. Die Erklärung ist darin zu suchen, daß das Urchristentum in der Erwartung des baldigen Weltendes lebt, und also den Tag für nahe bevorstehend hält, wo alle Kreatur von ihrem Leiden erlöst werden wird. Von der Sehnsucht aller Kreatur nach baldiger Erlösung redet der Apostel Paulus im 8. Kapitel (Vers 18–24) des Briefes an die Römer. In jenen Versen spricht sich sein tiefes Mitempfinden mit den Geschöpfen aus. Weil nun aber das Aufhören der natürlichen Welt mit ihrem Leiden und Elend als so nahe angesehen wird, kommen für ihn Bemühungen zum Schutze der Tiere ebensowenig mehr in Betracht als solche zur Aufhebung der Sklaverei. So erklärt sich, daß das christliche Gebot der Liebe das Mitleid gegen die Tiere nicht ausdrücklich verlangt, obwohl es eigentlich darin enthalten ist.

Jeder unbefangen denkende Mensch kann nicht anders als die Liebe nicht nur den Menschen, sondern auch der Kreatur gegenüber zu betätigen. Wir, da wir die Erlösung der Kreatur von ihrem Leiden nicht mehr von dem nahen Weltende erwarten, werden durch das in unseren Herzen und Denken enthaltene und von Jesus ausgesprochene Gebot der Liebe gezwungen, unserem natürlichen Mitempfinden gegen die Geschöpfe freien Lauf zu lassen und ihnen, soweit wir es nur immer können, Hilfe zu bringen und Leiden zu ersparen.

So sind wir Europäer und Europäerabkömmlinge, obwohl das unter uns geltende philosophische Denken uns gar nicht auf diesen Weg führte, dazu gekommen, der Frage unseres Verhaltens und unserer Verantwortung den Geschöpfen gegenüber unsere Aufmerksamkeit zuzuwenden und der Forderung der Liebe zu den Menschen die der Liebe gegen die Tiere an die Seite zu setzen.

Gerne geben wir zu, daß in dem chinesischen und indischen Denken die Frage Mensch und Kreatur früher eine Rolle zu spielen begann als bei uns und daß die chinesische und indische Ethik grundsätzlich Pflichten und Verantwortungen des Menschen gegen die Tiere festlegen. Zugleich aber glauben wir feststellen zu können, daß das, was wir heute in Wort und Tat für die Geltendmachung der Verantwortung des Menschen den Geschöpfen gegenüber unternehmen, auch seine Bedeutung hat und der chinesischen und indischen Ethik Anregungen zu bieten vermag.

Es ist ja nicht so, daß die chinesische und indische Ethik das Problem des Verhältnisses der Menschen zur Kreatur wirklich lösen. Was sie in dieser Hinsicht bieten, ist Stückwerk und kann nicht befriedigen. Das Große an der chinesischen Ethik ist, daß sie ein natürliches und tätiges Mitleid mit der Kreatur vertritt. Aber sie ist weit davon entfernt, die Frage Mensch und Kreatur in ihrem ganzen Umfange aufzurollen. Auch hat sie nicht vermocht, das Volk zu wirklicher Gütigkeit gegen die Geschöpfe zu erziehen. Allzufrüh trat ein Stillstand im chinesischen Denken ein. Es erstarrte in Scholastik und hielt sich nur an das, was an Liebe zu den Geschöpfen von den Denkern des Altertums überliefert war, statt es weiterzubilden.

Die indische Ethik ist in dem, was sie über Mensch und Kreatur sagt, unbefriedigend, weil sie nur das mitleidsvolle Nichttöten und Nichtschädigen, nicht aber auch das mitleidsvolle Helfen gebietet. Das schwere Problem, ob der Mensch das Töten und Schädigen vermeiden könne, wird in ihr nicht aufgeworfen und nicht behandelt. Sie läßt dem Menschen die Illusion, als ob er sich vom Töten und Schädigen von Geschöpfen freihalten und so das Ahimsa-Gebot wirklich erfüllen könne. Sie unterläßt es, ihn dazu zu erziehen, die Last seiner Verantwortung den Geschöpfen gegenüber in ihrer ganzen Schwere zu empfinden.

Die Philosophie will sich die Ethik als ein wohlgeordnetes System von wohl durchführbaren Pflichten und Geboten vorstellen. Sobald wir aber den Grundsatz der Liebe irgendwie anerkennen, langen wir, auch wenn wir ihn nur auf Menschen beschränken, tatsächlich bei einer Ethik grenzenloser Verantwortungen und Pflichten an. Liebe läßt sich nicht reglementieren. Sie gebietet in absoluter Weise. Jeder von uns muß in subjektiver Weise den Entscheid treffen, wie weit er in der Ausführung der grenzenlosen Gebote der Liebe gehen kann, ohne sein eigenes Dasein aufzugeben, und was er von seinem Leben und seinem Glück für das Leben und Glück anderer hingeben muß.

Daß die Ethik durch die Anerkennung des Prinzips der Liebe aufhört, reglementierbar zu sein, darüber kann man sich hinwegzutäuschen versuchen, solange man sie nur in Liebe zu den Menschen bestehen läßt. Gibt man aber zu, daß das Prinzip der Liebe auf alle Kreatur auszudehnen sei, so erkennt man damit an, daß das Gebiet der Ethik grenzenlos ist. Man kann sich nunmehr der Einsicht nicht mehr verschließen, daß sie ihrem ganzen Wesen nach grenzenlos ist und uns grenzenlose Verantwortungen und grenzenlose Pflichten auferlegt.

Weil die Ausdehnung des Prinzips der Liebe auf die Geschöpfe eine solche Revolution für die Ethik bedeutet, wehrt sich die Philosophie dagegen, diesen Schritt zu tun. Sie möchte bei einer Ethik verbleiben, die dem Menschen in klaren, vernünftigen, keine übertriebenen Forderungen stellenden Geboten sein Verhalten zu den anderen Menschen und zur Gesellschaft vorschreibt.

Wer sich ernstlich mit der Frage des Mitleids gegen die Tiere beschäftigt, weiß, daß es leicht ist, im Allgemeinen solches Mitleid zu predigen, aber außerordentlich schwer, Regeln für seine Betätigung in den einzelnen Fällen aufzustellen. Es kommt hier nicht nur die Frage in Betracht, wann das Dasein oder das Wohlergehen eines Geschöpfes der Existenz und den Bedürfnissen des Menschen geopfert werden darf, sondern auch die, wie wir uns zu entscheiden haben, wenn die Existenz oder das Wohlergehen des einen Geschöpfes der Existenz oder dem Wohlergehen des anderen geopfert werden muß. In welcher Weise ist es berechtigt, wenn wir, um ein armes, verlassenes Vögelein zu unterhalten, Insekten fangen und sie ihm zum Futter geben? Nach welchem Prinzip entscheiden wir uns, eine Vielheit anderer Existenzen zu opfern, um die eine zu erhalten?

Ethik, die uns Ehrfurcht vor allem Leben und Liebe zu allem Leben lehren will, muß uns zugleich in schonungsloser Weise die Augen darüber öffnen, in wie vielfacher Weise wir uns in der Notwendigkeit befinden, Leben zu vernichten und zu schädigen, und in welch' schweren Konflikten wir uns ständig bewegen, wenn wir wagen, uns nicht durch Gedankenlosigkeit zu betäuben.

Weil sie ein instinktives Empfinden dafür hat, in welche Schwierigkeiten die Ethik gerät, wenn sie das Gebot der Liebe zu allen lebendigen Wesen proklamiert, sucht die europäische Philosophie bis in unsere Zeit bei dem Grundsatze zu verbleiben, daß die Ethik es nur mit dem Verhalten des Menschen zu den Nebenmenschen und zur menschlichen Gesellschaft zu tun habe und daß die Liebe zu den Geschöpfen gewissermaßen nur einen Anbau an die wirkliche Ethik bedeute. Wohl kann ihr nicht entgehen, daß sie sich damit in Widerspruch zu unserem natürlichen Empfinden setzt. Aber sie nimmt lieber dies auf sich, als daß sie sich entschließt, sich auf das schwere Wagnis einer Ethik grenzenloser Pflichten und grenzenloser Verantwortungen einzulassen.

Sie verteidigt aber eine bereits verlorene Position. Das Denken kann der Ethik der Ehrfurcht vor allem Leben und der Liebe zu allem Leben nicht entgehen. Es wird die alte, begrenzte Ethik aufgeben und die grenzenlose anerkennen müssen. Andererseits aber müssen diejenigen, die die Forderung der Liebe zu allen Geschöpfen vertreten, sich darüber klar sein, wie schwer die Probleme der grenzenlosen Ethik sind, und müssen entschlossen sein, dem Menschen die Konflikte, die diese Ethik für ihn bedeutet, nicht zu verschleiern, sondern ihn diese wirklich erleben zu lassen.

Die Ethik der Liebe zu allen Geschöpfen im Einzelnen auszudenken: dies ist die schwere Aufgabe, die unserer Zeit gestellt ist.

VIII

Das Problem des Ethischen in der Entwicklung des menschlichen Denkens

Der Überblick über das Problem des Ethischen in der Entwicklung des menschlichen Denkens, den ich in diesen Ausführungen geben möchte, wird in Anbetracht der verfügbaren Zeit recht summarisch sein müssen. Vor die Aufgabe gestellt, nur die großen Linien dieser Entwicklung zu zeichnen, werde ich mich bemühen, sie mit einiger Klarheit hervortreten zu lassen.

Was wir mit einem griechischen Fremdwort ethisch, mit einem lateinischen moralisch nennen, besteht ganz allgemein in unserm Wohlverhalten gegenüber uns selbst und andern Lebewesen. Wir empfinden die Verpflichtung, uns nicht einzig und allein um unser eigenes Wohlbefinden zu bekümmern, sondern auch um das der andern und der menschlichen Gesellschaft.

Das erste Anzeichen einer Entwicklung des Ethischen besteht in der Erweiterung dieser Solidarität mit den andern.

Für den primitiven Menschen ist der Kreis der Solidarität eng umzogen. Er beschränkt sich auf diejenigen, die er als seine entfernten Verwandten betrachten kann, das heißt, auf die Mitglieder seines Stammes, der für ihn die Familie im weiteren Sinne bedeutet. Ich spreche aus Erfahrung. In meinem Spital habe ich Primitive. Wenn ich von einem der nicht bettlägerigen Spitalinsassen zu verlangen genötigt bin, er möge einem Kranken, der das Bett hüten muß, mit kleinen Dienstleistungen behilflich sein, so wird er sich nur bereit zeigen, wenn der Betreffende seinem Stamm angehört. Ist das nicht der Fall, wird er mir treuherzig antworten: Das ist nicht mein Bruder. Kein Überredungsversuch und keine Drohung werden ihn von seiner Weigerung abbringen, etwas so Unvorstellbares zu tun: sich für einen Fremden zu opfern. Ich muß kapitulieren.

Doch sowie der Mensch sich anschickt, über sich selbst und sein Verhalten zu den andern nachzudenken, wird er sich auch klar darüber, daß der Mensch als solcher seinesgleichen und sein Nächster ist. Am Ende einer langen Entwicklung sieht er den Kreis seiner Verantwortlichkeit sich über den Erdball hin auf alle menschlichen Wesen erstrecken, mit denen er in Beziehung steht.

Zu dieser reineren Auffassung des Ethischen erheben sich die chinesischen Denker Laotse, Kungtse, Tschuangtse und die israelitischen Propheten Amos, Hosea, Jesaja und ihre Nachfolger. In der christlichen Ethik wird der Gedanke der Verpflichtung gegenüber jedem Menschenwesen von Jesus und Paulus formuliert und zum integrierenden Bestandteil.

Für die großen indischen Denker des Brahmaismus, des Buddhismus und des Hinduismus ist die Idee der brüderlichen Verbundenheit aller menschlichen Wesen in ihrem metaphysischen Seinsbegriff enthalten. Aber es gelingt ihnen schwer, sie in ihrer Ethik zur Geltung zu bringen. In Wirklichkeit können sie die Scheidewände, die durch das Vorhandensein verschiedener Kasten unter den Indern aufgerichtet und durch die Überlieferung geheiligt sind, zwischen den Menschen nicht niederreißen.

Zarathustra, der im 7. Jahrhundert v. Chr. lebte, kann deshalb nicht zu der Vorstellung von der Brüderlichkeit der Menschen durchdringen, weil ihm seine Unterscheidung zwischen denen, die an Ormuzd, den durch ihn verkündigten Gott des Lichtes und des Guten, glauben, und den Ungläubigen, die den Dämonen verfallen bleiben, im Wege steht. Er fordert, daß die Gläubigen, die für die Ankunft des Reiches Ormuzds kämpfen, die Ungläubigen als Feinde betrachten und dementsprechend behandeln sollen. Um diesen

Standpunkt zu begreifen, muß man sich die Tatsache vor Augen halten, daß die Gläubigen die seßhaft gewordenen baktrischen Völkerschaften waren, die als rechtschaffene und friedliche Ackerbauern zu leben trachteten, und die Ungläubigen aus den nomadisch gebliebenen Stämmen bestanden, die in den unbebauten Gebieten wohnten und von Plünderungen lebten.

Platon und Aristoteles und mit ihnen die anderen Denker der klassischen Epoche griechischer Philosophie ziehen nur den Griechen in Betracht, als einen freien Menschen, der keine Sorge um seinen Lebensunterhalt kennt. Die nicht zu dieser Oberschicht gehören, werden an und für sich bereits als Menschen minderen Wertes angesehen, mit denen man sich nicht zu befassen braucht.

Erst in der zweiten Epoche des griechischen Denkens, der Blütezeit des Stoizismus und des Epikureismus, wird durch die Vertreter der beiden Schulen der Gedanke von der Gleichheit der Menschen und der inneren Verbundenheit mit dem Menschenwesen als solchem wiederaufgenommen. Der bedeutendste Vorkämpfer dieser Auffassung ist der Stoiker Panätius, der zwischen 180 und 110 v. Chr. lebte. Er ist der Verkünder der Humanität. Die Idee von der Brüderlichkeit der Menschen setzt sich im Altertum nicht allgemein durch. Aber die Tatsache, daß die Philosophie sie als eine durch die Vernunft gebotene Anschauung proklamiert hat, ist für ihre Zukunft außerordentlich bedeutungsvoll.

Wir müssen uns indessen gestehen, daß der Gedanke, das Menschenwesen als solches habe ein Recht auf unsere Teilnahme, niemals die uneingeschränkte Geltung besessen hat, auf die er Anspruch erheben kann. Bis in unsere Tage ist er bedroht gewesen – und ist es noch immer – von der Macht der Rassenunterschiede, des religiösen Glaubens und der nationalen Zugehörigkeit, durch die uns der Nächste zum Fremden wird, dem wir nur Gleichgültigkeit oder Mißtrauen entgegenbringen. –

Das antike und mittelalterliche Christentum bekennt sich zur Weltverneinung, ohne daraus den Schluß der Tatenlosigkeit zu ziehen. Diese Eigentümlichkeit rührt aus der Tatsache her, daß seine Verneinung sich ihrer Natur nach von derjenigen der indischen Denker unterscheidet. Dem Christentum zufolge ist die Welt, in der wir leben, keine Täuschung, sondern ein unvollkommener Zustand, bestimmt, in die vollkommene Welt des Gottesreiches verwandelt zu werden. Die Idee vom Reich Gottes ist von den Propheten des 9. und 8. Jahrhunderts v. Chr. geschaffen worden; sie steht auch im Mittelpunkt der Zarathustra-Religion im 7. Jahrhundert.

Jesus verkündet, die Verwandlung dieser Welt in das Reich Gottes sei nahe bevorstehend. Er ermahnt die Menschen, nach jener Vollkommenheit zu streben, die für die Teilhabe an der neuen Existenz in der künftigen Welt erfordert ist. Er verlangt vom Menschen, daß er sich von den Dingen dieser Welt ablöse und sich ausschließlich damit beschäftige, Gutes zu tun. Er erlaubt ihm, die Welt zu vernachlässigen, nicht aber seine Schuldigkeit gegen die Menschen. In seiner Ethik bewahrt die Aktivität alle ihre Rechte und Pflichten. Darin unterscheidet sie sich von der Ethik Buddhas, mit der sie die Idee des Mitleids gemeinsam hat. Denn sie ist vom Geist der Tat belebt; die Ethik des Christentums behält eine Verwandtschaft mit der Weltbejahung.

Die Verwandlung der Welt in das Reich Gottes, die die ersten Christen in unmittelbarer Zukunft erwarteten, ist ausgeblieben. Daher verharrt das Christentum während des Altertums und des Mittelalters in der geforderten Hoffnungslosigkeit gegenüber dieser Welt, ohne die Erwartung, die Ankunft jener Welt zu erleben – jene Erwartung, die den ersten Christen Halt verliehen hatte. Es wäre natürlich gewesen, daß es sich wieder der Lebens- und Weltbejahung zuwandte. Seine tätige Ethik gab ihm die Möglichkeit dazu.

Altertum und Mittelalter fanden indessen nicht den Weg zu der enthusiastischen Weltbejahung, die ihr allein entsprochen hätte. Diese enthusiastische Bejahung bricht erst in der Renaissance hervor. Das Christentum verbindet sich mit ihr während des 16. und 17. Jahrhunderts. Seine Ethik kennt von da an neben dem Ideal der Selbstvervollkommnung, das sie von Jesus empfing, auch das andere, das auf neue und bessere Daseinsbedingungen materieller wie geistiger Art für die menschliche Gesellschaft gerichtet ist. Sie hat ein Ziel für ihre Aktivität gefunden und gelangt so zu ihrer vollen Entfaltung. Aus dem Bund zwischen dem Christentum und der enthusiastischen Weltbejahung der Renaissance stammt die Kultur, in der wir leben, und die wir zu behaupten und zu vollenden haben.

Die ethischen Lehren der chinesischen Denker und Zarathustras besaßen von Anfang an in sich selbst die Kräfte, die eine ethische Kultur schaffen konnten.

In einem bestimmten Stadium strebt die Ethik danach, sich zu vertiefen. Dieses Bestreben drückt sich in dem Bedürfnis aus, nach dem Grundprinzip des Guten zu forschen. Sie findet keine zureichende Befriedigung mehr darin, einzelne Tugenden und Pflichten zu definieren, aufzuzählen und vorzuschreiben, sondern sie will begreifen, was sie bei aller Verschiedenheit Gemeinsames haben, und auf welche Weise sie sich aus derselben Grundauffassung des Guten ableiten lassen. So kamen die großen chinesischen Denker dazu, die Güte gegen den Mitmenschen zur Grundtugend zu erklären.

In der israelitischen Ethik taucht schon vor Jesus die Frage nach dem einen großen Gebot auf, dessen Erfüllung der des ganzen Gesetzes gleichkommt. Jesus erhebt, im Einklang mit der Überlieferung der israelitischen Theologen, die Liebe in den Rang des obersten Gebotes.

Im ersten Jahrhundert der christlichen Ära gelangen stoische Denker, auf dem von Panätius, dem Schöpfer der Humanitätsidee, bezeichneten Wege weiterschreitend, ebenfalls dahin, die Liebe als die Tugend schlechthin zu betrachten: nämlich Seneca, Epiktet und der Kaiser Marc Aurel. Ihre Ethik gleicht im Grunde der der großen chinesischen Denker. Sie haben mit jenen nicht allein das Prinzip der Liebe gemeinsam, sondern darüber hinaus – was sehr bedeutsam ist – die Überzeugung, daß es seinem Wesen nach im rationalen Denken wurzelt.

Im Verlauf des ersten und zweiten Jahrhunderts der christlichen Zeit vertritt die griechisch-römische Philosophie dasselbe ethische Ideal wie das Christentum. Es schien sich also die Möglichkeit einer Verbindung zwischen der antiken Welt und dem Christentum zu bieten. Es kam aber nicht dazu. Der ethische Stoizismus setzte sich nicht durch. Überdies hielt er auch das Christentum für krassen Aberglauben, weil es sich auf eine göttliche Offenbarung berief, die Christus zuteil geworden sei, und weil es die wunderbare Ankunft einer neuen Welt erwartete. Das Christentum seinerseits verachtete die Philosophie als im Irdischen befangene Gelehrsamkeit. Was sie außerdem trennte, war der Umstand, daß die Philosophie der Idee der Weltbejahung anhing, das Christentum der der Weltverneinung. Es war keinerlei Verbindung möglich.

Nach Jahrhunderten indessen vollzog sich diese Verbindung. Als das Christentum im 16. und 17. Jahrhundert begann, sich mit jener enthusiastischen Weltbejahung zu befreunden, die das Vermächtnis der Renaissance an das europäische Denken bildet, lernte es gleichzeitig den ethischen Stoizismus kennen und entdeckte mit Überraschung, daß der von Christus verkündete Grundsatz der Liebe dort bereits als vernunftgemäße Wahrheit ausgesprochen war. Es schloß daraus, daß die Grundgedanken des Glaubens ebenfalls offenbarte Wahrheiten sein müßten, die sich nachträglich durch die Vernunft bestätigen ließen. Unter den Denkern, die sich nun nächst dem Christentum auch dem Stoizismus verbunden fühlten, sind die bedeutendsten Erasmus von Rotterdam und Hugo Grotius.

Unter dem Einfluß des Christentums gewinnt die philosophische Ethik einen Enthusiasmus, der ihr bis dahin nicht eigen war. Und unter dem Einfluß der Philosophie beginnt die christliche Ethik darüber nachzudenken, was sie in dieser Welt zu bedeuten und zu vollbringen hat. So entsteht eine geistige Haltung, die der Ethik nicht mehr gestattet, Ungerechtigkeiten, Grausamkeiten und die verdammenswürdigen Gebräuche des Aberglaubens fernerhin zu dulden, die sie vorher zugelassen hatte. Die Tortur wird abgeschafft. Die Geißel der Hexenprozesse hält ein; unmenschliche Gesetze werden abgelöst durch andere, menschlichere. Ein Reformwerk, das in der Geschichte der Humanität seinesgleichen nicht hat, wird unternommen und vollbracht im ersten Aufflammen der Entdeckung, daß auch die Vernunft das Prinzip der Liebe lehrt.

Um die Vernünftigkeit des Altruismus, der Nächstenliebe, zu beweisen, glaubten manche Philosophen des 18. Jahrhunderts – unter ihnen David Hartley, der Baron von Holbach, Adrien Helvetius und Jeremias Bentham – mit dem Argument der Nützlichkeit auszukommen. Die chinesischen Denker und die Vertreter des ethischen Stoizismus hatten dies Argument ebenfalls, aber neben anderen, geltend gemacht. Nach der Lehrmeinung, die von jenen Denkern des 18. Jahrhunderts vertreten wurde, wäre der Altruismus nur wohlverstandener Egoismus, weil das Wohlergehen des einzelnen und der Gesellschaft nur gewährleistet sein kann durch die Bereitschaft des Menschen, seinem Nächsten Opfer zu bringen.

Gegen diese nicht sehr tiefgründige These wandten sich unter andern Kant und der schottische Philosoph David

Hume. Um die Würde der Ethik recht zu verteidigen, geht Kant so weit, zu verlangen, daß ihre Nützlichkeit gar nicht in den Kreis der Betrachtung gezogen werden dürfe.

So auf der Hand liegend das Nützlichkeitsmotiv sein mag: es darf nicht als ethischer Faktor gelten.

Gemäß der Lehre vom kategorischen Imperativ ist das ethische Gebot ein absolutes. Unser Gewissen enthüllt uns, was gut und was böse ist. Wir brauchen ihm nur zu gehorchen. Das moralische Gesetz, das wir in uns tragen, gibt uns die Gewißheit, daß wir nicht allein der Welt angehören, wie sie uns in Zeit und Raum erscheint, sondern daß wir zugleich Bürger der Welt an sich, der Welt der Ideen sind.

Hume geht in seiner Widerlegung der utilitaristischen These empirisch vor. Er analysiert die Motive der Sittlichkeit und gelangt zu dem Resultat, daß sie vor allem Sache des Gefühls ist. Die Natur, so argumentiert er, hat uns mit der Gabe der Sympathie ausgestattet. Sie erlaubt und verpflichtet uns, Freude, Furcht und Leiden der andern als die eigenen nachzuempfinden. Wir sind, um es in einem Bild auszudrücken, das Hume selber verwendet, wie Saiten, die beim Erklingen anderer Saiten ebenfalls in Schwingungen geraten. Diese Sympathie veranlaßt uns, für den andern da zu sein, und macht uns bereit, zu seinem Wohlergehen und dem der Gesellschaft beizutragen.

Seit Hume hat die Philosophie – wenn wir Nietzsches Versuch beiseitelassen – nicht mehr gewagt, ernsthaft in Zweifel zu ziehen, daß die Sittlichkeit in erster Linie eine Angelegenheit des Mitgefühls ist.

In welcher Lage befindet sich die Ethik nun? Vermag sie die Pflichten gegen den Nächsten zu definieren und abzugrenzen und auf diese Weise den Egoismus mit dem Altruismus in Einklang zu bringen, wie es die Lehre des Utilitarismus versucht hatte?

Hume beschäftigt sich mit dieser Frage gar nicht. Die spätere Philosophie hält es ebenfalls nicht für notwendig, die Konsequenzen des Prinzips der Hingebung aus Mitleid in den Bereich ihrer Betrachtung zu ziehen. Es ist, als ob sie eine Ahnung davon hätte, daß sie sich als etwas verwirrend erweisen könnten.

Sie sind es in der Tat. Die Ethik der Hingebung aus Mitleid hat nicht mehr den Gesetzescharakter, den wir ihr nach wie vor zusprechen möchten. Sie besteht nicht mehr in klar gegründeten und klar formulierten Geboten. Sie ist von Grund aus subjektiv, weil sie jedem von uns die Verantwortung zugesteht, zu entscheiden, wieweit er in der Aufopferung gehen will.

Und nicht genug damit, daß sie aufgehört hat, bestimmte Anweisungen zu geben: sie ist auch dazu übergegangen, sich nicht mehr nur mit dem Möglichen zu bescheiden. Beständig nötigt sie uns, das Unmögliche zu versuchen: nämlich die Aufopferung bis an den Punkt zu treiben, wo sie unsere eigene Existenz gefährdet. In den schrecklichen Zeiten, die wir hinter uns haben, gab es so manche Situation dieser Art, und Unzählige opferten ihr Leben für andere. Auch in unserer unmittelbaren Gegenwart verlangt die Ethik der Hingebung – wenn sie auch nicht so weit geht, uns dies letzte Opfer abzufordern – oftmals von jedem von uns, daß er mit Rücksicht auf andere eigene Interessen aufgebe und auf Vorteile verzichte. Wie oft müssen wir unser Gewissen, den Wächter über unser Verantwortungsgefühl, beschwichtigen! In wieviel Konflikten überläßt uns die Ethik der Hingebung uns selbst! Wer etwa ein praktisches Unternehmen betreibt, sieht sich selten in der glücklichen Lage, aus Mitleid demjenigen Beschäftigung zu geben, der sie am nötigsten braucht – statt sie dem Tüchtigsten anzuvertrauen. Aber wehe ihm, wenn er glaubt, Erfahrungen dieser Art berechtigten ihn dazu, künftig das Argument des Mitleids außer acht zu lassen!

Eine letzte Folgerung ist aus dem Prinzip der Hingebung zu ziehen: es erlaubt uns nicht mehr die ausschließliche Beschäftigung mit den menschlichen Wesen, sondern verpflichtet uns zu dem gleichen Verhalten gegenüber allem Lebendigen, dessen Los unserm Einfluß unterliegt. Auch es ist unseresgleichen; denn gleich uns kennt es die Sehnsucht nach dem Glück, die Angst und das Leiden, und wie wir fürchtet es sich vor der Vernichtung.

Ein Mensch mit unverbildet gebliebener Empfindungsfähigkeit sieht es als ganz natürlich an, mit allen Lebewesen Erbarmen zu haben. Warum entschließt sich die Philosophie nicht endlich, zuzugeben, daß unser Verhalten gegen die Kreatur einen integrierenden Bestandteil der Ethik bilden muß, die sie lehrt? Der Grund dafür ist sehr einfach. Die Philosophie fürchtet – und mit Recht – , daß diese Erweiterung unseres Verantwortungsbereichs der Ethik nicht die mindeste Hoffnung ließe, moralische Anweisungen mit annähernd rational befriedigender Begründung formulieren zu können.

In der Tat schafft uns die Sorge um das Los aller Lebewesen, mit denen wir zu tun haben, noch viel zahlreichere und erregendere Konflikte, als wenn wir unsere Opferpflicht auf menschliche Wesen beschränken. *Gegenüber den Geschöpfen der Natur geraten wir unausgesetzt in Situationen, die uns zwingen, Leiden zu verursachen und dem Leben Schaden zu tun.* Der Bauer kann nicht alle Tiere leben lassen, die in seiner Herde zur Welt kommen; er kann nur die behalten, für die er Futter hat und deren Aufzucht ihm einen Ertrag verspricht. *In vielen Fällen geraten wir sogar in die Zwangslage, Leben zu vernichten, um anderes Leben zu erhalten.* Wer einen hilflosen Vogel in Pflege nimmt, sieht sich genötigt, Insekten oder Fische zu töten, um ihn zu füttern. Indem er so handelt, verhält er sich nach freiem Ermessen. Mit welchem Recht opfert er eine Vielzahl lebender Wesen, um ein einziges zu retten? Und wenn er Tiere ausrottet, die er für schädlich hält, um andere zu schützen, steht er vor der gleichen Gewissensfrage.

Es ist also jedem von uns auferlegt, im Einzelfall zu entscheiden, ob wir vor der unausweichlichen Notwendigkeit stehen, Leiden zu verursachen, zu töten und uns damit abzufinden, daß wir, eben aus Notwendigkeit, schuldig werden. Die Sühne müssen wir darin suchen, daß wir keine Gelegenheit versäumen, lebendigen Wesen Hilfe zu leisten.

Wieviel weiter wären wir, wenn die Menschen über ihre Pflicht nachdenken wollten, den Kreaturen Gutes zu tun, und sich all des Bösen enthielten, das sie ihnen aus Unwissenheit zufügen!

Der Kampf gegen die inhumanen Gewohnheiten und Reaktionsweisen, die noch in unserer Epoche Geltung haben, ist unserer Kultur zur Pflicht gemacht, wenn sie ihre Selbstachtung bewahren will.

Die Forderung des Mitgefühls gegenüber allen lebenden Wesen ist es also, die der Sittlichkeit die letzte Vollkommenheit verleiht.

Eine zweite große Veränderung in der Situation der Ethik besteht in folgendem: sie kann heute nicht mehr aus einer Weltanschauung begründet und gerechtfertigt werden.

Zu allen Zeiten erfüllten sich – ihrer Überzeugung nach – ihre Forderungen einfach in dem Verhalten, das der Erkenntnis der wahren Natur eines sich in der Schöpfung manifestierenden Weltwillens entsprach. Auf dieser Überzeugung fußen nicht nur die Religionen, sondern auch die rationalistische Philosophie des 17. und 18. Jahrhunderts. Aber es erweist sich, daß die Weltanschauung, auf die sich die Ethik jeweils beruft, das Ergebnis einer Deutung dieser unserer Welt ist, der sie gerade die Richtung weisen soll. Sie verleiht dem Weltwillen Eigenschaften und Absichten, die ihrer eigenen Art zu empfinden und zu urteilen gemäß sind.

Im Laufe des 19. Jahrhunderts ist die Forschung, die sich allein durch das Streben nach objektiver Wahrheit leiten läßt, genötigt, sich davon zu überzeugen, daß die Ethik von einer wahrheitsgemäßen Welterkenntnis nichts zu erwarten hat. Die Fortschritte der Wissenschaft bestehen in einer immer genaueren Erklärung der Naturvorgänge. Sie gestatten uns, die Kräfte, die das Weltall durchwalten, in unsern Dienst zu stellen. Aber zugleich nötigen sie uns, mehr und mehr auf ein Begreifen seines Sinnes zu verzichten. Die Welt bietet uns das verwirrende Schauspiel des Willens zum Leben, der in Widerspruch zu sich selber steht. Eine Existenz erhält sich nur auf Kosten der andern. Die Welt, das ist das Entsetzliche in der Herrlichkeit, das Absurde im Verständlichen, das Leiden in der Freude.

Wie kann sich die Ethik der Hingebung behaupten ohne Rechtfertigung durch ein Weltbild? Sie scheint bestimmt, im Skeptizismus unterzugehn. Aber das ist nicht das Schicksal, dem sie geweiht ist.

In ihren Anfängen hatte die Ethik das Bedürfnis, sich auf eine ihr gemäße Weltanschauung zu berufen. Nun, da sie zu der Erkenntnis gelangt ist, daß ihr Grundprinzip das Opfer ist, wird sie sich ganz ihrer selbst bewußt und wahrhaft autonom.

Wir sind imstande, ihre Ursprünge und ihre Grundlagen zu begreifen, indem wir über die Welt und uns selber nachdenken.

Eine vollständige und befriedigende Erkenntnis der Welt ist uns nicht gegeben. Wir müssen uns auf die einfache Feststellung beschränken, daß alles in ihr Leben gleich uns selber und alles Leben Geheimnis ist. Unsere wahre Welterkenntnis besteht darin, uns von dem Geheimnis des Seins und des Lebens ganz erfüllen zu lassen. Dieses Geheimnis wird nur noch rätselhafter durch alle Fortschritte der wissenschaftlichen Forschung. Vom Geheimnis des Lebens durchdrungen zu sein, entspricht dem, was man mit einem Ausdruck der

Mystik *docta ignorantia* nennt: das Wissen vom wahren Sein besitzen.

Die unmittelbare Grundgegebenheit unseres Bewußtseins, auf die wir jedesmal wieder zurückgeleitet werden, wenn wir zu einem Verständnis unserer selbst und unserer Situation in der Welt vordringen wollen, ist: *Ich bin Leben, das leben will, inmitten von Leben, das leben will.*

Da ich Wille zum Leben bin, bejahe ich mein Leben – was nicht einfach besagen will, daß ich Wert darauf lege, mein Dasein fortzusetzen, sondern daß ich es als höchstes Geheimnis empfinde.

Wenn ich über das Leben nachdenke, empfinde ich die Verpflichtung, jeglichen Willen zum Leben in meiner Umwelt dem meinen gleichzuachten.

Die Grundidee des Guten besteht also darin, daß sie gebietet, das Leben zu erhalten, zu fördern und zu seinem höchsten Wert zu steigern; und das Böse bedeutet: Leben vernichten, schädigen, an seiner Entwicklung hindern.

Das Prinzip dieser *veneratio vitae* entspricht dem der Liebe, wie es durch Religion und Philosophie entdeckt worden ist, als sie nach dem Grundbegriff des Guten forschten.

Der Begriff *Ehrfurcht vor dem Leben* ist allgemeiner und deshalb weniger lebendig als der Begriff Liebe. Aber er birgt die gleichen Kräfte in sich. –

Durch die Ehrfurcht vor dem Leben treten wir mit der Welt in geistige Beziehung. Alle von der Philosophie unternommenen Anstrengungen, all die großartigen Systeme, die sie erbaut hat, um uns in Beziehung mit dem Absoluten zu setzen, sind vergeblich geblieben.

Das Absolute bezeichnet eine so abstrakte Vorstellung, daß es sich dem lebendigen Begreifen entzieht. Es ist uns nicht beschieden, dem unendlichen und unergründlichen Schöpferwillen, auf dem alles Sein beruht, im klaren Wissen um sein Wesen und seine Absichten zu dienen. Aber wir treten in ein geistiges Verhältnis zu ihm, wenn wir uns bewußt bleiben, unter der Einwirkung des Lebensgeheimnisses zu stehn, und uns tätig hingeben an alle lebendigen Wesen, denen zu helfen wir die Gelegenheit und die Möglichkeit haben.

Eine Ethik, die uns einzig zum Dienst am Menschen und der menschlichen Gesellschaft verpflichtet, kann diese Bedeutung nicht haben.

Nur eine umfassende Ethik, die uns auferlegt, unsere tätige Aufmerksamkeit allen Lebewesen zuzuwenden, setzt uns wahrhaft in ein inneres Verhältnis zum Universum und dem Willen, der sich in ihm manifestiert.

In der Welt befindet sich der Wille zum Leben im Widerstreit mit sich selbst. In uns will er – kraft eines Geheimnisses, das wir nicht begreifen – mit sich selbst in Frieden existieren. In der Welt stellt er sich dar; in uns entdeckt er sich selbst. Andern Wesens zu sein als die Welt, ist unsere geistige Bestimmung. Indem wir uns in ihr befestigen, leben wir unser Dasein, statt es zu erleiden.

Durch die Ehrfurcht vor dem Leben werden wir auf eine elementare, tiefe und lebendige Weise fromm.

IX

Das Problem des Friedens in der heutigen Welt

Rede bei der Entgegennahme des Nobelpreises in Oslo 1954

Als Gegenstand des Vortrags, den zu halten mir als Empfänger des Nobel-Friedenspreises obliegt, habe ich das Problem des Friedens gewählt, wie es sich in der heutigen Zeit stellt. Ich glaube damit im Sinne des hochherzigen Stifters zu handeln, der sich eingehend mit dem Problem beschäftigte, wie es zu seiner Zeit bestand, und von seiner Stiftung erwartete, daß sie das Nachdenken über die Möglichkeit, die Sache des Friedens zu fördern, wach erhalte.

Seinen Ausgang nehme mein Vortrag von einer Darlegung der Situation, wie sie aufgrund der beiden hinter uns liegenden Kriege gegeben ist.

Die Staatsmänner, die in den auf die beiden Kriege folgenden Verhandlungen die heutige Welt gestalteten, hatten keine glückliche Hand. Sie gingen nicht darauf aus, Zustände zu schaffen, die die Möglichkeit einer einigermaßen gedeihlichen Zukunft in sich trügen, sondern waren vor allem damit beschäftigt, die Konsequenzen aus der Tatsache des Sieges zu ziehen und festzulegen. Auch wenn sie eine bessere Einsicht besessen hätten, hätten sie sich von ihr nicht leiten lassen dürfen. Sie hatten sich als Vollstrecker des Willens der Siegervölker zu betrachten. Erwägungen über eine gerechte und zweckmäßige Gestaltung der Dinge durften sie nicht Raum geben. Sie hatten genug damit zu tun, zu verhindern, daß nicht das Übelste, was als Forderung des siegreichen Volkswillens auftrat, Tatsache würde. Auch darum hatten sie sich zu bemühen, daß sich die Sieger, dort wo ihre Ansichten und Interessen auseinandergingen, gegenseitig die erforderlichen Zugeständnisse machten.

Das Unhaltbare der Situation, wie es nun nicht nur die Besiegten, sondern auch die Sieger zu erfahren bekommen, hat seinen eigentlichen Grund darin, daß man dem geschichtlich Gegebenen und damit der Gerechtigkeit und Zweckmäßigkeit nicht die gebührende Geltung zugestand.

Das geschichtliche Problem Europas ist in der Tatsache gegeben, daß in früheren Jahrhunderten, vor allem von der sogenannten Völkerwanderung an, Völker aus dem Osten fort und fort nach dem Westen und dem Südwesten vordrangen und mit wechselndem Erfolg Land in Besitz nahmen. So kommt es zu einem Zusammenwohnen später zugezogener mit früher eingewanderten Völkern.

Im Laufe der Jahrhunderte findet dann teilweise eine Verschmelzung dieser Völker statt. Es grenzen sich neue, einigermaßen einheitliche Staatengebilde gegeneinander ab. Durch diese Entwicklung wird für den westlichen und mittleren Teil Europas ein in der Hauptsache definitiver Zustand erreicht. Dieser Prozeß findet im 19. Jahrhundert seinen Abschluß.

Im Osten und Südosten ist diese Entwicklung nicht so weit gediehen. Hier blieb es bei einem Zusammenwohnen von nicht miteinander verschmelzenden Völkerschaften. Jede kann ein relatives Recht auf den Boden für sich in Anspruch nehmen. Die eine kann dafür anführen, die älteste oder zahlreichste Bewohnerin zu sein, die andere die Verdienste, die sie sich um die Entwicklung des Landes erworben hat. Die einzige praktische Lösung wäre gewesen, daß die beiden Elemente dazu gekommen wären, nach einem sich ausbildenden, für beide annehmbaren Abkommen miteinander auf demselben Boden in einem gemeinsamen Staatswesen zu leben. Diesen Zustand hätten sie aber vor dem zweiten Drittel des 19. Jahrhunderts erreichen müssen. Denn von da an beginnt eine immerfort sich verstärkende, folgenschwere Ausbildung des nationalen Selbstbewußtseins. Dieses erlaubt es den Völkern nicht mehr, sich von den geschichtlichen Tatsachen und von der Vernunft führen zu lassen.

So hatte der erste Weltkrieg seine Ursache in den im östlichen und südöstlichen Europa gegebenen Verhältnissen. In der Neuordnung, wie sie sich nach den beiden Weltkriegen ergab, ist dann weiterhin Stoff zu einem künftigen Krieg erhalten geblieben.

Stoff zu künftigen Kriegen bleibt da erhalten, wo bei einer Neugestaltung der Verhältnisse nach einem Kriege nicht das geschichtlich Gegebene in Betracht gezogen und eine im Sinne desselben sachliche und gerechte Lösung erstrebt wird. Denn nur diese kann die Gewähr des Dauerhaften in sich tragen.

Über das geschichtlich Gegebene setzt man sich hinweg, wenn man in dem Falle, wo zwei Völker miteinander geschichtliches Recht auf ein Land haben, nur das des einen anerkennt. Die Rechtstitel, die solche Völker in strittigen Gebieten in Europa für den Besitz des Landes geltend machen können, sind immer nur relative. Beide sind sie ja erst zu geschichtlicher Zeit eingewandert.

Einer Außerachtlassung des geschichtlich Gegebenen macht man sich auch schuldig, wenn man bei der Abgrenzung von neugeschaffenen Staatsgebilden den wirtschaftlichen Tatsachen nicht ihr Recht läßt. Diesen Fehler begeht man, wenn man eine Grenze in der Art festlegt, daß durch sie ein Hafen sein ihm natürlich zugehöriges Hinterland verliert oder daß eine Scheidewand zwischen dem Gebiete der Hervorbringung von Rohprodukten und dem für ihre Verarbeitung tauglichen und eingerichteten Orte aufgerichtet wird. Durch solch ein Verfahren entstehen Staatengebilde, die nicht in der erforderten Weise wirtschaftlich lebensfähig sind.

In schlimmster Weise vergeht man sich gegen das Recht des geschichtlich Gegebenen, und überhaupt gegen jedes menschliche Recht, wenn man Völkerschaften das Recht auf das Land, das sie bewohnen, in der Art nimmt, daß man sie zwingt, sich anderswo anzusiedeln. Daß sich die Siegermächte am Ende des zweiten Weltkrieges dazu entschlossen, vielen Hunderttausend Menschen dieses Schicksal, und dazu noch in der härtesten Weise, aufzuerlegen, läßt ermessen, wie wenig sie sich der ihnen gestellten Aufgabe einer gedeihlichen und einigermaßen gerechten Neuordnung der Dinge bewußt wurden.

Überaus bezeichnend für die Lage, in der wir uns nach dem zweiten Weltkrieg befinden, ist, daß auf ihn kein Friedensschluß folgte. Nur in Abkommen, die den Charakter von Waffenstillständen hatten, kam er zu Ende. Weil wir einer auch nur einigermaßen befriedigenden Neuregelung der Dinge nicht fähig sind, müssen wir uns mit solchen von Fall zu Fall geschlossenen Waffenstillständen, von denen niemand weiß, was aus ihnen wird, zufrieden geben.

Dies die Lage, in der wir uns befinden.

Wie nun stellt sich uns das Problem des Friedens?

Es ist insoweit von besonderer Art, als der Krieg, wie er heute vor sich ginge, etwas anderes ist als der frühere. Er wird mit ungleich größeren Mitteln des Tötens und Zerstörens geführt als jener, und ist also ein größeres Übel als er je gewesen ist.

Früher konnte er als ein Übel angesehen werden, das als dem Fortschritt dienlich, vielleicht gar für ihn notwendig, hinzunehmen sei. Die Ansicht durfte sich hören lassen, daß durch ihn die tüchtigeren Völker sich gegen die weniger tüchtigen durchsetzten und den Gang der Geschichte bestimmten.

Dafür läßt sich zum Beispiel anführen, daß durch den Sieg des Cyrus über Babylon ein Weltreich mit einer überlegenen Kultur im vorderen Orient entstand und daß dann wiederum der Sieg Alexanders des Großen über die Perser der griechischen Kultur den Weg durch die Länder vom Nil bis zum Indus bahnte. Umgekehrt ereignete sich aber auch als Folge eines Krieges, daß eine höhere Kultur durch eine weniger hohe verdrängt wurde. Dies geschah, als die Araber im Verlaufe des 7. und zu Beginn des 8. Jahrhunderts die Herren von Persien, Kleinasien, Palästina, Nordafrika und Spanien wurden, wo bisher die griechisch-römische Kultur geherrscht hatte.

Es verhält sich mit dem Kriege also wohl so, daß er sowohl für den Fortschritt als auch gegen ihn arbeiten kann.

Für den modernen Krieg jedoch kann noch mit weniger Zuversicht angenommen werden, daß durch ihn ein Fortschritt zustande kommt. Was er heute als Übel bedeutet, fällt viel schwerer ins Gewicht als früher.

Merkwürdig ist, daß man die Tatsache der großen Machtmittel, mit denen er nunmehr geführt wird, am Ende des 19. und am Anfang des 20. Jahrhunderts günstig werten zu können glaubte. Man wollte daraus folgern, daß die Entscheidung viel schneller als in früheren Zeiten herbeigeführt werde und man also mit ganz kurzen Kriegen zu rechnen habe. Das wurde als selbstverständlich angesehen.

Das Übel des Krieges glaubte man damals auch deshalb als relativ gering einschätzen zu können, weil man mit einer fortschreitenden Humanisierung der Kriegführung rechnete. Ausgangspunkt zu dieser Annahme waren die Verpflichtungen, welche die Völker auf Grund der Bemühungen des Roten Kreuzes in der Genfer Konvention von 1864 auf sich genommen hatten. Sie garantierten einander die Pflege der Verwundeten und die humane Behandlung der Kriegsgefangenen. In Aussicht genommen wurde auch weitgehende Rücksicht auf die Zivilbevölkerung. Damit war Bedeutendes erreicht, das in den folgenden Kriegen Hunderttausenden zugute kommen sollte. Aber in Ansehung des mit den neuzeitlichen Mitteln des Tötens und Zerstörens so maßlos gewordenen Übels des Krieges war es so wenig, daß von einer Humanisierung eigentlich nicht die Rede sein konnte.

Miteinander erlaubten die Theorie der Kürze eines kommenden Krieges und die seiner weitgehenden Humanisierung, daß man ihn, als er 1914 Tatsache wurde, im allgemeinen nicht so schwer nahm, wie es hätte der Fall sein sollen. Man betrachtete ihn als ein die politische Luft reinigendes Gewitter und hoffte, er werde dem Wettrüsten, das die Völker in Schulden gestürzt hatte, ein Ende setzen.

Neben leichtfertigen Äußerungen, in denen er um irgendeines erwarteten Vorteils willen gutgeheißen wurde, hörte man auch die ernstere und edlere, daß er der letzte Krieg sein müsse und sein werde. In der Überzeugung, für das Anbrechen einer Zeit ohne Kriege zu kämpfen, sind damals viele brave Soldaten ins Feld gezogen.

In diesem und in dem 1939 ausbrechenden Krieg erwiesen sich die beiden Theorien als völlig unzutreffend. In beiden wurde Jahre hindurch in inhumanster Weise gekämpft und zerstört. Eine Steigerung des Übels fand noch dadurch statt, daß nicht zwei einzelne Völker, wie im Kriege 1870, gegeneinander angingen, sondern zwei große Gruppen von Völkern. So wurde ein großer Teil der Menschheit davon betroffen.

Weil offenbar ist, ein wie furchtbares Übel ein Krieg in unserer Zeit ist, darf nichts unversucht bleiben, ihn zu verhindern. Insbesondere muß dies noch aus einem ethischen Grunde geschehen. Wir haben uns in den beiden letzten Kriegen grausiger Unmenschlichkeit schuldig gemacht und würden es in einem kommenden noch weiter tun. Dies darf nicht sein.

Wagen wir die Dinge zu sehen, wie sie sind. Es hat sich ereignet, daß der Mensch ein Übermensch geworden ist. Sein Übermenschentum besteht darin, daß er aufgrund seiner Errungenschaften des Wissens und Könnens nicht nur über die in seinem Körper gegebenen physischen Kräfte verfügt, sondern auch solchen, die in der Natur vorhanden sind, gebietet und sie in Dienst nehmen kann. Als Mensch konnte er zum Töten auf Entfernung nur die körperliche Kraft verwenden, mit der er den Bogen spannte, um mit ihm den Pfeil zu verschicken. Als Übermensch kommt er dazu, sich die Energie, die bei der raschen Verbrennung eines gewissen Gemisches von chemischen Stoffen frei wird, durch eine dazu erfundene Vorrichtung zunutze zu machen. Dies erlaubt ihm, von einem viel wirksameren Geschoß Gebrauch zu machen und es auf eine viel größere Entfernung zu versenden.

Der Übermensch leidet aber an einer verhängnisvollen geistigen Unvollkommenheit. Er bringt die übermenschliche Vernünftigkeit, die dem Besitz übermenschlicher Macht entsprechen sollte, nicht auf. Dieser bedürfte er, um von der von ihm errungenen Macht nur zur Verwirklichung des Sinnvollen und Guten, nicht auch zum Töten und Vernichten Gebrauch zu machen. Darum sind ihm die Errungenschaften des Wissens und Könnens mehr zum Verhängnis als zum Gewinn geworden.

Bezeichnend ist in dieser Hinsicht, daß sich ihm die erste große Entdeckung, die Verwendung der bei rascher Verbrennung entstehenden Explosionskraft, zunächst nur als Mittel zum Töten auf Entfernung anbot.

Die Eroberung der Luft durch den Verbrennungsmotor bedeutete eine große Errungenschaft. Alsbald wird von ihr als einer Möglichkeit zum Töten und Zerstören aus der Höhe Gebrauch gemacht. Damit wird nun vollends offenbar, was man sich vorher nicht recht eingestehen wollte, daß der Übermensch mit dem Zunehmen seiner Macht zugleich immer mehr zum armseligen Menschen wird. Um der Vernichtung aus der Höhe nicht völlig ausgeliefert zu sein, muß er sich, gleich dem Getier des Feldes, in der Erde verkriechen. Zugleich muß er sich darein ergeben, daß nun eine bisher unvorstellbare Vernichtung von Werten statthaben wird.

Schließlich ergibt sich als weitere Entdeckung die Kenntnis der bei der Auflösung des Atoms frei werdenden ungeheuren Kräfte und ihrer Verwendbarkeit. Nach einiger Zeit stellt sich dann aber heraus, daß die Zerstörungsgewalt einer vervollkommneten Bombe dieser Art ins Unberechenbare geht und daß bereits ins Große gehende Versuche mit ihr zu Katastrophen führen können, die die Existenz der Menschheit in Frage stellen. Nun erst tut sich das Grauenvolle unserer Existenz vor uns auf, und die Frage, was aus uns werden soll, stellt sich uns unabweisbar.

Was uns aber eigentlich zu Bewußtsein kommen sollte und schon lange zuvor hätte kommen sollen, ist dies, daß wir als Übermenschen Unmenschen geworden sind. Wir haben es geschehen lassen, daß in den Kriegen Menschen in Menge – im zweiten Weltkrieg an die 20 Millionen – vernichtet wurden, daß durch Atombomben ganze Städte mit ihren Bewohnern zu nichts wurden, daß durch Brandbomben Menschen zu lodernden Fackeln wurden. Wir nahmen solche Geschehnisse in Radiosendungen und in Zeitungen zur Kenntnis und beurteilten sie danach, ob sie einen Erfolg der Völkergruppe, der wir zugehören, oder unserer Gegner bedeuteten. Wenn wir uns eingestanden, daß dieses Geschehen aus einem unmenschlichen Tun bestehe, taten wir es mit dem Gedanken, daß wir durch die gegebene Tatsache des Krieges dazu verurteilt seien, es geschehen zu lassen. Indem wir uns so ohne weiteres in dieses Schicksal ergeben, machen wir uns der Unmenschlichkeit schuldig.

Die Erkenntnis, die uns heute not tut, ist die, daß wir miteinander der Unmenschlichkeit schuldig sind. Das furchtbare gemeinsame Erlebnis muß uns dazu aufrütteln, alles zu wollen und zu erhoffen, was eine Zeit heraufführen kann, in der Kriege nicht mehr sein werden. Dieses Wollen und Hoffen kann nur noch darauf gehen, daß wir durch einen neuen Geist die höhere Vernünftigkeit erreichen, die uns von dem unseligen Gebrauch der uns zu Gebote stehenden Macht abhält.

Der erste, der es wagte, rein ethische Erwägungen gegen den Krieg geltend zu machen und eine durch ethisches Wollen geleitete höhere Vernünftigkeit zu fordern, war der große Humanist Erasmus von Rotterdam (1469–1539). Er tat es in seiner 1517 gedruckten lateinischen Schrift Querela Pacis (Klage des Friedens). In ihr läßt er den Frieden redend auftreten und Gehör verlangen.

Er fand auf seinem Wege wenig Nachfolger. Es galt als Utopie, von der Geltendmachung einer ethischen Notwendigkeit etwas für die Sache des Friedens zu erwarten. Dieser Ansicht ist sogar Immanuel Kant (1724–1804). In seiner 1795 erschienenen Schrift „Zum ewigen Frieden" und in anderen Veröffentlichungen, in denen er auf die Frage des Friedens zu sprechen kommt, setzt er für dessen Verwirklichung sein Vertrauen nur darauf, daß ein Völkerrecht, nach dem eine internationale schiedsrichterliche Behörde in Streitfällen zwischen den Völkern entscheidet, immer größere Autorität erlangt. Diese soll sich allein auf die immer größere Ehrfurcht gründen, die man, aus rein praktischen Erwägungen, dem Rechte als solchem mit der Zeit entgegenbringen werde. Fort und fort betont Kant, daß man für die Idee eines Völkerbundes nicht ethische Gründe anführen solle, sondern sie als eine Sache des zu vervollkommnenden Rechts anzusehen habe. Er meint, daß die Vervollkommnung in einem wie von selbst kommenden Fortschritt statthaben werde. Seiner Ansicht nach wird die „große Künstlerin Natur" durch den Gang der geschichtlichen Dinge und durch die Not der Kriege die Menschen, wenn auch nur ganz allmählich, im Verlaufe einer sehr, sehr langen Zeit, dazu bringen, daß sie sich über ein den dauernden Frieden gewährleistendes Völkerrecht einigen werden.

Den Plan eines Völkerbundes mit schiedsrichterlichen Befugnissen hat mit einiger Klarheit zuerst Sully (1560–1641), der Freund und Minister König Heinrichs IV. von Frankreich, in seinen Memoiren entwickelt. In ausführlicher Weise wurde er dann im 18. Jahrhundert in drei Schriften des Abbé Castel de Saint-Pierre (1658–1743) behandelt, deren bedeutendste den Titel „Projet de Paix perpétuelle entre les souverains Chrétiens“ führt. Kant hatte Kenntnis von den in ihnen vorgetragenen Gedanken. Wahrscheinlich verdankt er sie einer 1761 veröffentlichten Schrift von Jean Jacques Rousseau, in der dieser eine Zusammenfassung derselben bietet.

Heute sind wir in der Lage, aus Erfahrung über den Völkerbund in Genf und über die Organisation der Vereinten Nationen (UNO) reden zu können.

Institutionen dieser Art können Bedeutendes leisten, indem sie in entstehenden Streitigkeiten zu vermitteln suchen, die Initiative zu Beschlüssen und zu gemeinsamen Unternehmungen der Nationen ergreifen und was dergleichen wertvolle, zeitgemäße Dienstleistungen mehr sind. Eine der größten Taten des Genfer Völkerbundes war 1922 die Schaffung eines internationale Gültigkeit besitzenden Passes für die durch den Krieg staatenlos gewordenen Personen. In welcher Lage hätten sich diese befunden, wenn der Genfer Völkerbund, von Fridtjof Nansen angeregt, sich um diesen Ersatz-Paß nicht bemüht hätte! Wie wäre es den Flüchtlingen und Vertriebenen nach dem zweiten Weltkrieg ergangen, wenn es die UNO nicht gegeben hätte, die sich ihrer annehmen konnte!

Aber den Zustand des Friedens herbeizuführen, haben diese beiden Institutionen nicht vermocht. Sie bemühten sich vergeblich darum, weil sie es in einer Welt unternehmen mußten, in der keine auf die Verwirklichung des Friedens gehende Gesinnung vorhanden war. Als juristische Institutionen konnten sie diese Gesinnung nicht schaffen. Dies vermag nur der ethische Geist. Kant hat sich geirrt, als er für das Friedensunternehmen ohne diesen ethischen Geist auskommen wollte. Der Weg, den er nicht beschreiten wollte, muß begangen werden.

Überdies steht uns ja die sehr, sehr lange Zeit, mit der er für die Hinbewegung auf den Frieden rechnet, gar nicht zur Verfügung. Die Kriege von heute sind Vernichtungskriege, nicht solche, wie er voraussetzte. Entscheidendes für die Sache des Friedens muß bald in Angriff genommen und geleistet werden. Auch hierzu ist allein der Geist fähig.

Kann aber der Geist wirklich ausrichten, was wir ihm in unserer Not zutrauen müssen?

Man darf von seiner Kraft nicht gering denken. Er ist es ja, der sich in der Geschichte der Menschheit betätigt. Er wirkt die Humanitätsgesinnung, aus der aller Fortschritt zur höheren Daseinsweise des Menschen kommt. In der Humanitätsgesinnung sind wir uns selber treu; in ihr sind wir fähig, schöpferisch zu sein. In der Gesinnung der Inhumanität sind wir uns selber untreu und damit allem Irren ausgeliefert.

Zu welcher Macht der Geist es bringen kann, ist im Verlaufe des 17. und 18. Jahrhunderts offenbar geworden. Er hat damals die Völker Europas, unter denen er auftrat, aus dem Mittelalter herausgeführt, indem er dem Aberglauben, den Hexenprozessen, der Folter und so mancher überlieferten Grausamkeit und Torheit ein Ende machte. An Stelle des Alten hat er ein Neues gesetzt, welches den, der dieses Geschehen verfolgt, immer wieder erstaunen läßt. Was wir an wahrer, innerlicher Kultur je besessen haben und noch davon besitzen, geht auf jenes Auftreten des Geistes zurück.

In der Folgezeit hat er dann an Kraft eingebüßt, hauptsächlich, weil er in der Welterkenntnis, wie sie sich aus der naturwissenschaftlichen Forschung ergab, sein ethisches Wesen nicht begründen konnte. Ein anderer Geist, der sich über den Weg, auf dem die Menschheit vorankommen sollte, nicht klar war und nur niedrigere Ideale kannte, hat ihn abgelöst. Nun muß er, sollen wir nicht zugrunde gehen, wieder die Führung übernehmen. Wiederum hat er ein Wunder zu vollbringen, wie zu der Zeit, als er die europäischen Völker aus dem Mittelalter herausführte, und ein noch größeres als das damalige.

Der Geist ist nicht tot. Er lebt in der Verborgenheit. Daß er ohne eine seinem ethischen Wesen entsprechende, wissenschaftlich zu begründende Welterkenntnis sein mußte, hat er überwunden. Es ist ihm aufgegangen, daß er sich aus nichts anderem zu begründen hat als aus dem eigentlichen Wesen des Menschen. Die gewonnene Unabhängigkeit von der Welterkenntnis erweist sich ihm als ein Gewinn.

Weiter ist er zu der Einsicht gelangt, daß das Mitempfinden, in dem die Ethik wurzelt, seine rechte Tiefe und Weite nur hat, wenn es nicht einzig auf Menschen, sondern auf alle lebendigen Wesen geht. Neben die bisherige, der letzten Tiefe und Weite und Überzeugungskraft ermangelnde Ethik ist die der Ehrfurcht vor dem Leben getreten und findet Anerkennung.

Wir wagen wieder, uns an den ganzen Menschen, das heißt an sein Denken und sein Empfinden, zu wenden und ihn anzuhalten, Kenntnis von sich selber zu nehmen und sich selber treu zu sein. Wir wollen wieder unser Vertrauen in das, was in seinem Wesen liegt, setzen. Erfahrungen, die wir machen, bestärken uns darin.

Im Jahre 1950 erschien ein Buch unter dem Titel „Dokumente der Menschlichkeit“. Herausgeber waren Hochschullehrer der Göttinger Universität, die die furchtbare Massenaustreibung der Deutschen aus den Ostländern anno 1945 mitgemacht hatten. In schlichter Weise lassen sie darin Flüchtlinge erzählen, was sie in ihrer Not von Menschen, die den ihnen feindlich gesinnten Völkern angehörten und darum in Haß gegen sie hätten verfahren sollen, Gutes empfangen haben. Kaum je habe ich ein Buch mit solcher Ergriffenheit gelesen. Es kann denen, die den Glauben an die Menschheit verloren haben, ihn zurückgeben.

Von dem, was in der Gesinnung der Einzelnen und damit in der der Völker zur Ausbildung gelangt, hängt das Kommen oder das Ausbleiben des Friedens ab. Dies gilt für unsere Zeit noch mehr als für eine frühere. Erasmus, Sully, der Abbé Castel de Saint Pierre und andere, die sich vordem mit der Sache des Friedens beschäftigten, hatten es nicht mit den Völkern, sondern deren Fürsten zu tun. Ihre Bemühungen zielten darauf, diese zu bewegen, eine übernationale Behörde mit schiedsrichterlichen Befugnissen zu schaffen, welche die entstehenden Streitigkeiten zu schlichten hätte. Als erster schaut, in seiner Schrift „Zum ewigen Frieden“, Kant auf die Zeit aus, wo die Völker sich selber regieren und es also selbst mit dem Problem der Erhaltung des Friedens zu tun haben werden. Er wertet dies als einen Fortschritt. Seiner Meinung nach werden sie sich mehr als die Fürsten zur Aufrechterhaltung des Friedens bewogen fühlen, weil sie es sind, die alle Übel des Krieges zu erleiden haben.

Gekommen ist nun die Zeit, wo die Regierenden sich als Vollstrecker des Volkswillens zu betrachten haben. Kants Ansicht von der natürlichen Friedensliebe des Volks hat sich aber nicht bewahrheitet. Als Wille einer Vielheit ist der Volkswille der Gefahr, unbeständig zu sein, durch Leidenschaftlichkeit von der rechten Vernünftigkeit abzukommen und des erforderten Verantwortungsbewußtseins zu ermangeln, nicht entgangen. Nationalismus übelster Art hat sich in beiden Kriegen betätigt und kann zur Zeit als das größte Hemmnis einer zwischen den Völkern sich anbahnenden Verständigung gelten.

Verdrängen läßt sich dieser Nationalismus nur dadurch, daß unter den Menschen wieder Humanitätsgesinnung aufkommt und sie ihrem Volke in natürlicher Weise und mit gediegenen Idealen angehören läßt.

Viel übler Nationalismus ist auch in der Welt draußen anzutreffen, insbesondere bei Völkern, die früher, in den Kolonien, unter der Bevormundung der Weißen lebten, neuerdings aber selbständig wurden. Hier besteht Gefahr, daß sie als einziges Ideal ihren naiven Nationalismus besitzen. Durch ihn ist in so manchen Gebieten der bisher in ihnen bestehende Frieden gefährdet.

Auch diese Völker können über ihren Nationalismus nur durch Humanitätsgesinnung hinauskommen. Wie aber soll diese Wandlung zustande kommen? Wenn der Geist in uns mächtig wird und uns von der veräußerlichten Kultur zu der in der Humanitätsgesinnung gegebenen innerlichen zurückführt, wird er durch uns auch auf sie wirken. Alle Menschen, auch die primitiven und halbzivilisierten, tragen in ihrer Eigenschaft als mitempfindende Wesen die Fähigkeit zur Humanitätsgesinnung in sich. Sie ist in ihnen als ein Brennstoff gegeben, der darauf wartet, durch eine hinzukommende Flamme entzündet zu werden.

Bei einer Reihe von Völkern, die zu einer gewissen Kultur gelangt waren, ist die Idee, daß einmal ein Friedensreich kommen müsse, zur Ausbildung gelangt. In Palästina tritt sie zum erstenmal beim Propheten Amos im 8. Jahrhundert v. Chr. auf und lebt sich dann als Hoffnung auf ein Reich Gottes in der jüdischen und christlichen Religion aus. Sie gehört der Lehre an, die die großen Denker Chinas, Lao Tse und Kung Tse im 6. Jahrhundert v. Chr., Mi Tse im 5., Meng Tse im 4., und ihre Schüler vertreten. Sie findet sich bei Tolstoi (1828–1910) und anderen europäischen Denkern. Man hat sie als eine Utopie angesehen. Heute aber liegen die Dinge so, daß sie irgendwie zur Wirklichkeit werden muß, wenn die Menschheit nicht untergehen soll.

Ich bin mir bewußt, in dem, was ich über das Problem des Friedens gesagt habe, nichts wesentlich Neues gebracht zu haben. Ich bekenne mich zu der Überzeugung, daß wir es nur dann lösen können, wenn wir den Krieg aus dem ethischen Grunde, weil er uns der Unmenschlichkeit schuldig werden läßt, verwerfen. Schon Erasmus von Rotterdam und einige nach ihm haben dies als die Wahrheit, die es einzusehen gilt, verkündet.

Das einzige, was ich für mich in Anspruch zu nehmen wage, ist, daß bei mir mit dieser Wahrheit die aus dem Denken kommende Gewißheit einhergeht, daß der Geist in unserer Zeit ethische Gesinnung zu schaffen vermag. Aus dieser Gewißheit verkünde ich diese Wahrheit, in der Hoffnung, dazu beizutragen, daß sie nicht als eine Wahrheit, die sich in Worten gut ausnimmt, aber für die Wirklichkeit nicht in Betracht kommt, beiseite gelegt wird. So manche Wahrheit ist lange oder ganz unwirksam geblieben, allein deshalb weil die Möglichkeit, daß sie Tatsache werden könne, nicht in Betracht gezogen wurde.

Nur in dem Maße, als durch den Geist eine Gesinnung des Friedens in den Völkern aufkommt, können die für die Erhaltung des Friedens geschaffenen Institutionen leisten, was von ihnen verlangt und erhofft wird.

Noch aber leben wir in der Zeit der Friedlosigkeit. Noch müssen sich die einen Völker durch die anderen bedroht fühlen. Noch muß jedem das Recht zugestanden werden, sich mit den furchtbaren Mitteln, über die wir verfügen, zu seiner Selbstverteidigung bereit zu halten.

In dieser Zeit schauen wir aus nach einem ersten Zeichen des Wirkens jenes Geistes, dem wir uns anvertrauen müssen. Es kann in nichts anderem bestehen, als daß die Völker damit beginnen, das, was sie sich im letzten Krieg angetan haben, nach Möglichkeit wiedergutzumachen. Viele Tausende von Gefangenen und Deportierten warten darauf, daß sie endlich in die Heimat zurückkehren dürfen, ungerecht in der Fremde Verurteilte, daß sie freigesprochen werden, nicht zu reden von so vielen anderen Ungerechtigkeiten an Einzelnen, die wiedergutzumachen sind.

Im Namen aller derer, die sich um den Frieden bemühen, wage ich die Völker zu bitten, diesen ersten Schritt auf dem neuen Wege zu tun. Keines vergibt sich dabei etwas von seinem Ansehen, keines verliert dabei etwas von der Macht, die es zu seiner Selbsterhaltung für erforderlich hält.

Wird so mit der Liquidierung des hinter uns liegenden grausigen Krieges ein Anfang gemacht, dann kann etwas von Vertrauen zwischen den Völkern aufkommen. Vertrauen ist für alle Unternehmungen das große Betriebskapital, ohne welches kein nützliches Werk auskommen kann. Es schafft auf allen Gebieten die Bedingungen gedeihlichen Geschehens.

In der so geschaffenen Atmosphäre des Vertrauens kann dann die vernünftige Regelung der Probleme, wie sie durch die beiden Kriege gegeben sind, in Angriff genommen werden.

Ich glaube, hier den Gedanken und dem Hoffen von Millionen von Menschen, die in unseren Gegenden in der Angst um den Frieden leben, Ausdruck gegeben zu haben. Mögen meine Worte zu denen gelangen, die jenseits des Grabens in derselben Angst leben wie wir, und in der Bedeutung, die sie haben wollen, aufgenommen werden.

Mögen die, welche die Geschicke der Völker in den Händen haben, darauf bedacht sein, alles zu vermeiden, was die Lage, in der wir uns befinden, noch schwieriger gestalten und uns noch weiter gefährden könnte, mögen sie das wunderbare Wort des Apostels Paulus beherzigen: „So viel an euch liegt, habt mit allen Menschen Frieden." Es gilt nicht nur den Einzelnen, sondern auch den Völkern. Mögen sie in dem Bemühen um die Erhaltung des Friedens miteinander bis an die äußerste Grenze des Möglichen gehen, daß dem Geiste zum Erstarken und zum Wirken Zeit gegeben bleibe!

X

Humanität

Unter Humanität (Humanitas. Menschlichkeit) versteht man das wahrhaft gütige Verhalten des Menschen zum Nebenmenschen. In diesem Wort kommt zum Ausdruck, daß wir uns zu bemühen haben, gütig zu sein, nicht nur, weil ein ethisches Gebot es gebietet, sondern auch, weil solches Verhalten unserm Wesen entspricht.

Die Humanität nötigt uns, in kleinen und in großen Dingen auf unser Herz zu hören und seinen Eingebungen Folge zu leisten. Gerne möchten wir dabei stehen bleiben, nur das, was unserm vernünftigen Überlegen als gut und durchführbar vorkommt, zu tun. Aber das Herz ist ein höherer Gebieter als der Verstand. Es verlangt von uns, zu tun, was den tiefsten Regungen unseres geistigen Wesens entspricht.

Das Ideal der Humanität besitzt die Menschheit nicht von jeher. Sie ist erst im Laufe der Zeiten dazu gekommen.

Den Begriff der Humanitas, als des unserem Wesen entsprechenden Verhaltens zum Nebenmenschen, prägte der zuerst in Rom und nachher in Athen lebende stoische Philosoph Panätius (180–110 v. Chr.).

Schöpfer und Verkünder solcher tiefen und lebendigen Ethik waren in China: Lao-tse (geboren um 604 v. Chr.), Kung-tse (Konfuzius. 551–479 v. Chr.), Me-ti (5tes Jahrhundert v. Chr.), Meng-tse (Mencius. geboren 372 v. Chr.).

In Indien trat als solcher Buddha (550–477) auf, in Iran Zarathustra (7tes Jahrhundert v. Chr.).

In der griechisch-römischen Welt waren es der Philosoph Epikur (341–270 v. Chr.) und die Philosophen des Spätstoicismus: Seneca (4–65 n. Chr.), Epiktet (gestorben 120 nach Chr.) und Kaiser Marc Aurel (121–180 n. Chr.).

Epiktet war ein Sklave, dem sein Herr in Rom die Freiheit schenkte. Kaiser Marc Aurel wurde sein Schüler.

Die Humanität dieser stoischen Philosophen kommt in der Forderung eines brüderlichen Verhaltens auch zu den Sklaven zum Ausdruck. Ihre Ethik ist der des Christentums verwandt, wie auch ihre Frömmigkeit, die sich zum Glauben an einen einzigen Gott bekennt. Seneca hat sich als erster gegen die Unmenschlichkeit der Gladiatorenkämpfe ausgesprochen.

Die Gründer der Humanitätsethik des Judentums sind die Propheten Amos und Hosea, die im 7. Jahrhundert v. Chr. auftraten.

Die tiefsten Worte über die Gütigkeit finden sich in den Reden Jesu und in den Briefen des Apostels Paulus.

Die Bergpredigt, Jesu erste Rede in Galiläa, hebt mit Seligpreisungen an. Unter diesen findet sich eine auf die Sanftmütigen, eine auf die Barmherzigen, und eine auf die Friedfertigen gehende (Matthäus 5 Vers 5, 7 und 9).

In seiner letzten im Tempel zu Jerusalem gehaltenen Rede verkündet Jesus, daß beim Gericht, das der Menschensohn abhalten wird, es für das Eingehen in das Reich Gottes vor allem darauf ankommt, daß man Menschen, die in Not waren, Liebe erzeigte (Matthäus 25 Vers 31–40).

Die wahre Liebe beschreibt und preist Paulus in einem Hymnus über sie im 13. Kapitel des ersten Briefes an die Korinther.

„Die Liebe ist langmütig und freundlich, die Liebe eifert nicht, die Liebe treibt nicht Mutwillen, sie blähet sich nicht. Sie stellet sich nicht ungebärdig, sie suchet nicht das Ihre, sie läßt sich nicht erbittern, sie rechnet das Böse nicht zu. Sie freuet sich nicht der Ungerechtigkeit, sie freuet sich aber der Wahrheit. Sie verträgt alles, sie glaubet alles, sie hoffet alles, sie duldet alles."

Ihre Vorherrschaft in der Religion ist in den letzten Worten des Hymnus festgelegt: „Nun aber bleibet Glaube, Liebe, Hoffnung, diese drei. Aber die Liebe ist die größte unter ihnen."

Wieviel Liebe hat sich im Laufe der Jahrhunderte an den Worten dieses Hymnus entzündet! Wieviel Mahnung und Trost haben sie gespendet!

Tiefe Religion und tiefes Denken haben miteinander das Humanitätsideal geschaffen und verkündet. Von ihnen haben wir es überkommen. Wir bekennen uns zu ihm und sind überzeugt, daß es das ethische Grundelement wahrer Kultur ist.

In der Neuzeit ereignet sich, daß dieses Gültigkeitsideal durch eine aufkommende neue Erkenntnis vertieft und bereichert wird. Man kommt nämlich dazu, mit der Frage beschäftigt zu sein, ob unser Mitempfinden es nur mit den Mitmenschen oder nicht auch mit allen Geschöpfen zu tun hat. Deren Dasein ist ja wie das unsere. Sie ängstigen sich wie wir, sie leiden wie wir. Sterben ist ihnen beschieden wie uns.

Wie brachten die Menschen es fertig, ihnen ihr Mitfühlen und Helfen zu versagen? Als sie schon das Humanitätsideal anerkannten, verblieben sie dennoch in der alten naiven Anschauung, daß der Mensch Herr der Schöpfung sei und mit den andern Lebewesen teilnahmslos und gefühllos nach Belieben verfahren könnte.

Einen gab es, im Mittelalter, der eine andere Stellung zu ihnen einnahm. Es war Franziskus von Assisi (1182–1226), der Gründer des Franziskanerordens. Für ihn waren die Tiere Mitgeschöpfe, mit denen er sich ohne Worte unterhielt und ihnen Liebe entgegenbrachte.

Aber die Menschen seiner Zeit, wie auch noch die von aufeinanderfolgenden Generationen, ließen sich durch ihn nicht bewegen, über ihr Verhalten zur Kreatur nachdenklich zu werden.

Der berühmte Philosoph Descartes (1596–1650) übernahm es sogar, sie in ihrer Mitleidslosigkeit zu bestärken. Er lehrte, daß die Tiere keine Seele hätten und darum ohne Empfindung seien und nur scheinbar Schmerz verspürten.

Aber die Wahrheit, daß der Mensch sich nicht als Herr, sondern als Bruder der Geschöpfe anzusehen habe, ließ sich auf die Dauer nicht aufhalten. Vom 18. Jahrhundert an treten solche, denen sie aufgegangen ist, für sie ein. Zuerst waren es wenige. Man bestaunte und belächelte ihre Ansichten. Ihr Mitempfinden mit den Geschöpfen sah man als unangebrachte Sentimentalität an. Nach und nach aber gewann die merkwürdige Ansicht Anhänger. Heute hat sie sich durchgesetzt.

Die Ehrfurcht vor allem Leben wird als selbstverständlich und völlig dem Wesen der Menschen entsprechend anerkannt. In den Schulen lernen die Kinder sich mit der Kreatur befreunden. Daß wir damit vor der unvollständigen zur vollständigen Humanitätsgesinnung fortschreiten und der naiven Unmenschlichkeit, in der wir noch befangen waren, entsagen, ist ein bedeutungsvolles Ereignis in der Geistesgeschichte der Menschheit. Wir fühlen uns beglückt, in völliger ethischer Erkenntnis zu wandeln.

Nun heißt es für einen jeden von uns, die vollständige Gütigkeit, die unserem Wesen entspricht, zu betätigen, daß sie als eine sich in der Geschichte auswirkende Kraft offenbar werde und das Zeitalter der Humanität heraufführe.

In der Menschheitsgeschichte von heute handelt es sich darum, ob die Gesinnung der Humanität oder die Inhumanität zur Herrschaft gelangt. Wenn es die der Inhumanität ist, die nicht darauf verzichten will, unter Umständen von den grausigen Atomwaffen, die heute zur Verfügung stehen, Gebrauch zu machen, ist die Menschheit verloren. Nur wenn die Humanitätsgesinnung, für die solche Waffen nicht in Betracht kommen, die Gesinnung der Inhumanität verdrängt, dürfen wir hoffend in die Zukunft blicken.

Die Gesinnung der Humanität hat heute weltgeschichtliche Bedeutung.

Lambarene, 12. September 1961

XI

Der Weg des Friedens heute

Lambarene, den 3. August 1963

Wenn man heute auf den Weg des Friedens kommen will, ist der natürliche Ausgangspunkt das am 25. Juli dieses Jahres zustande gekommene Moskauer Abkommen. Es ist ein erster Schritt auf diesem Weg.

In diesem Abkommen haben sich die Regierungen der Sowjets, der USA und Großbritannien miteinander entschlossen, in der Luft und unter dem Wasser keine Versuchsexplosionen mehr zu unternehmen. Dies will heißen, daß sie miteinander aufhören wollen, sich weiterhin mit dem Bau mächtiger Atomwaffen abzugeben. Deren Bau ist durch den Verzicht auf große Versuchsexplosionen unmöglich geworden. Nur durch diese konnte man ja die Funktion und Leistung großer Atomwaffen erproben und beurteilen.

Eine Bedeutung hat der Verzicht auf große Versuchsexplosionen auch dadurch, daß die durch sie verursachte, für die Menschheit schon sehr hohe und sehr gefährliche Radioaktivität der Atmosphäre, des Erdbodens und des Wassers weiterhin nicht mehr zunehmen wird.

Überdies bringt es der Verzicht auf große Versuchsexplosionen und auf zu bauende mächtige Atomwaffen mit sich, daß die Großmächte nicht weiterhin auf dem gefährlichen Weg zum wirtschaftlichen Ruin wandeln. Sie befinden sich auf ihm durch die großen Ausgaben, welche die von ihnen unternommene großartige und sinnlose Aufrüstung in Atomwaffen ihnen auferlegten. Die vervollkommneten modernen Atomwaffen sind ja, wie die modernsten vervollkommneten

Flugzeuge, technische Wunderwerke. Ihr Preis ist dementsprechend sehr hoch.

Eigentlich ist die durch das Moskauer Abkommen geschaffene Lage dieselbe, wie sie vom 31. Oktober 1958 an für einige Zeit bestand. An diesem Tage nämlich machten die Atomwaffenexperten der Großmächte, die sich im Völkerbundspalast in Genf mit dem Problem des Verzichts auf Versuchsexplosionen beschäftigten, den Versuch, diesen dadurch zu ermöglichen, daß auf der Erde 180 Stationen gegründet werden sollten, auf denen Wissenschaftler, 30 auf jeder Station, die irgendwo statthabenden Versuchsexplosionen feststellen könnten.

Daraufhin beschlossen die Sowjets, Amerika und Großbritannien, ohne das Funktionieren des geplanten Überwachungssystems abzuwarten, bis auf weiteres keine Versuchsexplosionen mehr zu unternehmen. Bei diesem Verzicht verblieben sie auch, als sich herausstellte, daß die geplante Kontrolle aller auf der Erde stattfindenden Versuchsexplosionen undurchführbar ist.

Nur verlangte Amerika, daß unterirdische Versuchsexplosionen, weil sie nicht feststellbar sind, erlaubt bleiben sollten. Dieses Weiterbestehen unterirdischer Versuchsexplosionen hatten Teller und andere amerikanische Wissenschaftler gefordert, um noch irgendwie kleinere Atomwaffen produzieren zu können.

Großbritannien und die Sowjets machten dieses Zugeständnis, wobei die Sowjets erklärten, daß sie selber nicht im Sinne hätten, unterirdische Versuchsexplosionen zu unternehmen.

So lebte man also schon vor dem Moskauer Abkommen in einer Epoche, in der die Versuchsexplosionen über der Erde verboten waren und die unterirdischen erlaubt blieben. Sie dauerten vom 31. Oktober 1958 bis zum 1. September 1961.

Von diesem Tage an fingen die Sowjets wieder an, große Versuchsexplosionen über der Erde zu unternehmen. Auch entschlossen sie sich nunmehr auch zu unterirdischen.

Nun folgten durch alle Atommächte unternommene große und größte Versuchsexplosionen aufeinander, in denen neue, mächtige Atomwaffen erprobt wurden. Die mächtigsten produzierten die Sowjets.

In diesen neuen Versuchen nahm die Radioaktivität der Atmosphäre, der Erdoberfläche und des Wassers in beängstigender Weise zu.

Auch die Angst, daß durch irgendein Geschehnis ein grausiger Atomkrieg in Gang kommen könnte, nahm zu.

Durch das Moskauer Abkommen befinden wir uns wieder auf einem weniger gefährlichen Weg. Aber es bedarf noch anderer vernünftiger Abkommen, bis die Gefahr, in der wir uns durch das Vorhandensein von Atomwaffen befinden, aufgehört haben wird.

Das Moskauer Abkommen ist eine Morgenröte. Die Sonne aber kann erst aufgehen, wenn alle Versuchsexplosionen, auch die unterirdischen, aufhören, besonders auch, weil zu befürchten ist, daß die unterirdischen eine Zunahme der Erdbeben zur Folge haben können.

Bedauerlich ist und bleibt, daß die Großmächte im Moskauer Abkommen sich nicht entschließen konnten, mit den unterirdischen Versuchsexplosionen aufzuhören, weil sie sich über eine genügende Kontrolle derselben nicht einigen konnten und sich nicht gegenseitig das Vertrauen entgegenbrachten, daß jeder, auch bei der Unmöglichkeit völliger Kontrolle, das Abkommen des Aufhörens der unterirdischen Versuchsexplosionen halten würde.

Unser nächstes Unternehmen wird darin bestehen, die Abschaffung der großen Menge bereits vorhandener Atomwaffen durchzuführen. Sie muß kommen, damit der Friede möglich werde. Auch für dieses Unternehmen kann es keine völlig genügende Kontrolle geben. Es wird darum nur gelingen können, wenn irgendeine Garantie vorhanden ist, daß das, was abgemacht wird, auch gehalten wird. Im Verlauf der kommenden Verhandlungen über die Abschaffung der vorhandenen Atomwaffen und den erst dadurch möglich werdenden Frieden, werden die Großmächte sich also gegenseitig Vertrauenswürdigkeit in dem Halten von Abkommen zugestehen und zutrauen müssen.

Die Garantie durch Vertrauenswürdigkeit ist ihrem Wesen nach derjenigen durch völlige Kontrolle überlegen. Diese letztere garantiert ja nur die Möglichkeit der Entdeckung, daß der Vertrag nicht gehalten wird. Die Garantie durch Vertrauenswürdigkeit hingegen gibt die Sicherheit, daß der Vertrag tatsächlich gehalten wird.

Ohne daß die Großmächte für einander vertrauenswürdig werden, kann die Abschaffung der vorhandenen Atomwaffen, die den Frieden ermöglicht, also nicht stattfinden.

Wie aber kann diese Vertrauenswürdigkeit tatsächlich entstehen? Nicht durch Zusicherungen, die sich die verhandelnden Regierungen gegenseitig machen, sondern allein dadurch, daß in ihren Völkern eine öffentliche Meinung aufkommt, die das Abschaffen der Atomwaffen fordert und garantiert.

Regierungen können durch solche, die anderer Meinung sind, abgelöst werden. Die Völker sind das Bleibende. Ihr Wille ist das Entscheidende.

In unserer Zeit müssen wir also darüber im klaren sein, daß, wenn keine öffentliche Meinung der Völker für die Abschaffung der Atomwaffen vorhanden ist, diese nicht durchgeführt werden kann.

Nicht alle in Frage kommenden Regierungen sind sich dessen bewußt. Es gibt auch solche, die die Abschaffung der Atomwaffen und den dadurch ermöglichten Frieden wünschen und planen, es aber nicht für erforderlich erachten, daß eine diese fördernde und garantierende öffentliche Meinung in ihren Völkern aufkomme. Sie ziehen es vor, es mit einer unbestimmten öffentlichen Meinung zu tun zu haben, die sie nach Belieben dirigieren können. Die Lenkung der öffentlichen Meinung ist ja eine Hauptbeschäftigung der Regierungen in unserer Zeit.

Wo wir heute darauf ausgehen müssen, durch die baldige und völlige Abschaffung der so reichlich vorhandenen Atomwaffen zu einem dauernden Frieden zu gelangen, darf man in keinem der beteiligten Länder in der Illusion verbleiben, dies ohne eine die Abschaffung fordernde und sie garantierende öffentliche Meinung verwirklichen zu können.

Die Völker als solche müssen gegen die Atomwaffen sein, wenn es gelingen soll, diese loszuwerden.

Ein Dokument zu diesem Text

Aus: Albert Schweitzer „Appell an die Menschheit" (1957. Rede über zahlreiche Rundfunkstationen, aus Oslo übertragen, vom Herausgeber in die 3. Auflage des vorliegenden Buches (1981) aufgenommen).

Als vom 1. März 1954 an Versuche mit Wasserstoffbomben von den Amerikanern auf Bikini, im Gebiete der Marshallinseln (im Stillen Ozean), und von den Russen in Sibirien gemacht wurden, kam man dazu, sich davon Rechenschaft zu geben, daß es mit der Erprobung von Atomwaffen ein anderes Ding sei als mit den früheren nichtatomischen. Wenn ein neukonstruiertes Geschützungeheuer auf dem Versuchsfeld abgefeuert worden war, war damit die Sache zu Ende. Nicht so mit der Explosion einer Wasserstoffbombe. Es blieb etwas davon übrig: daß nämlich eine Unmenge kleinster Teilchen von radioaktiven Elementen in der Luft vorhanden waren und radioaktive Strahlen aussandten. Dies war schon bei den Uranbomben, die auf Hiroshima und Nagasaki fielen und nachher noch weiter erprobt wurden, der Fall gewesen. Da es aber entsprechend der geringeren Größe und Wirkung dieser früheren Bombe sich noch nicht so bemerkbar machte wie bei der Wasserstoffbombe, hatte man ihm kaum Beachtung geschenkt.

Weil radioaktive Strahlungen, wenn sie in einer gewissen Menge und Stärke vorhanden sind, schädigend auf den menschlichen Körper einwirken, kam dann die Diskussion in Gang, ob die von bisherigen Explosionen von Wasserstoffbomben herrührende Strahlung schon eine Gefahr bedeute, die durch neu hinzukommende Explosionen eine Zunahme erfahren würde.

Seitdem haben, im Laufe von dreieinhalb Jahren, Vertreter der physikalischen und der medizinischen Wissenschaft sich mit dem Problem beschäftigt. Beobachtungen über das Vorhandensein, die Herkunft und die Natur der Strahlungen wurden gemacht. Die Vorgänge, auf denen ihre Wirkung auf den menschlichen Körper beruht, sind erforscht worden. Auf Grund des in dieser Sache zusammengetragenen, wenn auch bei weitem nicht vollständigen Materials muß geurteilt werden, daß die radioaktive Strahlung, wie sie sich aus den bisherigen Explosionen von Atombomben ergeben hat, *eine nicht zu unterschätzende Gefahr für die Menschheit bedeutet* und daß sie bei weiteren Explosionen von Atombomben in beängstigender Weise zunehmen würde.

Dieses Urteil ist, besonders in den letzten Monaten, des öfteren ausgesprochen worden. Merkwürdigerweise ist es nicht in dem Maße, wie man es hätte erwarten sollen, in die öffentliche Meinung übergegangen. *Die einzelnen und die Völker fühlen sich nicht bewogen, der Gefahr, in der wir uns befinden, die Aufmerksamkeit, auf die sie leider Anspruch hat, zuteil werden zu lassen. Sie muß vorgehalten und begreiflich gemacht werden.*

Mit andern, die sich verpflichtet halten, in diesen Tagen als Mahner in Wort und Schrift aufzutreten, *erhebe ich meine Stimme. Mein Alter und die Sympathie, die mir die von mir vertretene Idee der Ehrfurcht vor dem Leben eingetragen hat, lassen mich erhoffen, daß meine Mahnung mit dazu beitragen kann, der Einsicht, die not tut, den Weg zu bereiten.* Der Radiosendestation von Oslo, der Stadt des Friedensnobelpreises, danke ich, daß sie mir dazu verhilft, das, was ich glaube aussprechen zu sollen, in die Ferne gelangen zu lassen. –

Die Wirkung der Uranbombe beruht auf dem Vorgang der bei dem Zerfall des Urans frei werdenden Energie. Bei der Wasserstoffbombe beruht das Freiwerden von Energie auf der statthabenden Umwandlung des Elements Wasserstoff in das Element Helium. Interessant ist, daß dies derselbe Vorgang ist, der im Innern der Sonne stattfindet und ihr die sich stetig erneuernde Energie liefert, Licht und Wärme zu spenden. Ihrer Art nach sind die Effekte der beiden Bomben die gleichen. Aber der einer der neuesten Wasserstoffbomben soll, nach manchen Schätzungen, das 200fache derjenigen sein, die auf Hiroshima fiel. Zu diesen beiden Atombomben ist neuerdings die Kobaltbombe als Superatombombe hinzugekommen. Sie ist eine Wasserstoffbombe, die mit einem aus Kobalt bestehenden Mantel umgeben ist. Ihre Wirkung soll die der stärksten bisherigen Wasserstoffbomben um ein Vielfaches übertreffen.

Bei der Explosion einer Atombombe entstehen in unvorstellbar großer Anzahl kleinste Teilchen radioaktiver Elemente. Als solche haben sie mit dem Uran gemein, daß sie in Zerfall begriffen sind. Bei den einen, den stärksten, verläuft dieser sehr rasch, bei anderen langsam, bei anderen außerordentlich langsam. Die allerstärksten dieser Elemente haben schon zehn Sekunden nach der Detonation der Explosion der Atombombe zu existieren aufgehört. In dieser so kurzen Zeit können sie aber in einem Umkreis von mehreren Kilometern Menschen in Menge getötet haben. Übrig bleiben also nur schwächer wirkende Elemente. Mit diesen haben wir es in unserer Zeit zu tun. *Die Gefahr, welche die von ihnen ausgehenden radioaktiven Strahlen trotz ihrer relativen Schwäche für uns mit sich bringen können, gilt es einzusehen.*

Von diesen Elementen sind die einen nach Stunden, andere nach Tagen, andere nach Wochen oder Monaten oder Jahren oder Millionen von Jahren, in immer zunehmendem Zerfall, im Dasein. In radioaktiven Staubwolken ziehen sie in der Höhe dahin. Schwere Teilchen fallen früher nach unten. Leichtere halten sich länger in der Luft oder kommen im Regen und Schnee hernieder. Wie lange es dauert, bis in der Luft nichts mehr von dem vorhanden ist, was durch die bisherigen Explosionen von Atombomben in die Luft gelangte, läßt sich nicht mit Sicherheit ermessen. Nach manchen Schätzungen soll dies frühestens in 30 oder 40 Jahren der Fall sein. Als Knabe habe ich miterlebt, daß von dem im Jahre 1883 bei der Explosion der dem Archipel der Sundainseln zugehörigen Vulkaninsel Krakatau in die Luft geschleuderten Staub in Europa in der Luft noch mehr als zwei Jahre lang so viel vorhanden war, daß die Sonnenuntergänge durch diesen Staub in besonderer Pracht stattfanden.

Mit Sicherheit aber können wir behaupten, daß die in der Luft entstandenen Wolken von radioaktivem Staube mit den Winden fort und fort um die Erde reisen und daß etwas von ihrem Staube fort und fort, sei es in freiem Fall, sei es durch Regen, Schnee, Nebel und Tau mitgenommen, allenthalben auf die feste Erdoberfläche, die Flüsse und die Meere niedergeht.

Welcher Art sind die radioaktiven Elemente, bei denen bei Explosionen von Atombomben allerkleinste Teilchen in die Luft flogen und nun wieder herunterkommen werden? Sie sind merkwürdige Abarten von gewöhnlichen, nichtradioaktiven Elementen. Sie haben dieselben chemischen Eigenschaften wie diese, aber ein anderes Atomgewicht. In der Bezeichnung, die sie führen, wird also nach dem Namen des Elements die Zahl ihres Atomgewichts angeführt. Dasselbe Element kann in mehreren radioaktiven Abarten existieren: Neben Jod 131, das nur 16 Tage am Leben ist, gibt es Jod 129, das es auf 200 Millionen Jahre bringt. Gefährliche Elemente dieser Art sind: Phosphor 32, Calzium 45, Jod 131, Eisen 55, Wismut 210, Plutonium 239, Cerium 144, Strontium 89, Cäsium 137. War die Wasserstoffbombe mit einem aus Kobalt bestehenden Mantel umgeben, so kommt noch Kobalt 60 hinzu.

Besonders gefährlich sind die Elemente, die bei einem relativ langen Bestehen eine relativ starke Strahlung aussenden. Unter diesen nimmt Strontium 90 die erste Stelle ein. In der Menge des radioaktiven Staubes ist es besonders reichlich vorhanden. Auch Kobalt 60 ist als besonders gefährlich anzuführen. Die durch diese Elemente gesteigerte Radioaktivität der Luft kann uns von außen her nichts anhaben. Sie ist nicht stark genug, um unsere Haut zu durchdringen. Anders steht es schon mit ihrem Einatmen, wodurch radioaktive Elemente in unsere Körper gelangen können. Die vor allem in Betracht zu ziehende Gefahr ist aber die, daß wir infolge der erhöhten Radioaktivität der Luft radioaktives Wasser trinken und radioaktive Speisen zu essen bekommen.

Auf Grund der Explosionen auf Bikini und in Sibirien gehen über Japan zeitweise Regen nieder, deren Wasser derart radioaktiv ist, daß es nicht getrunken werden darf. Dies kommt aber nicht dort allein vor. In aller Welt, wo neuerdings Regenfälle Gegenstand der Beobachtung geworden sind, wird zeitweise Niedergang von radioaktivem Regen gemeldet. Darunter sind auch Niederschläge, die so radioaktiv sind, daß ihr Wasser nicht mehr als Trinkwasser in Betracht kommt. Brunnenwasser wird erst durch längeres und reichliches Niedergehen von radioaktivem Regenwasser in erheblichem Maße radioaktiv.

Wird irgendwo radioaktives Regenwasser festgestellt, so will dies heißen, daß die Erde in der betreffenden Gegend auch radioaktiv ist, und zwar in höherem Maße. Sie wird es ja nicht nur durch auf sie gelangenden Regen, sondern auch durch frei fallenden radioaktiven Staub. Und nicht nur die Erde, sondern auch die auf ihr wachsenden Pflanzen sind dann radioaktiv. Was sich an radioaktiven Elementen auf ihr ansammelt, gibt sie an Pflanzen ab. Und diese, was wohl zu beachten ist, speichern die Radioaktivität in sich auf. Infolge dieses Prozesses kann es vorkommen, daß wir es mit einer beträchtlichen auf uns lauernden Menge von radioaktiven Elementen zu tun haben. Handelt es sich um Gras, das Tieren, deren Fleisch einmal auf unseren

Tisch kommt, zur Nahrung dient, so werden wir beim Essen dieses Fleisches radioaktive Elemente, die die Tiere durch jenes Gras in sich aufnahmen und aufspeicherten, in uns aufnehmen und aufspeichern. Handelt es sich um Kühe, so findet dieses Aufspeichern der Radioaktivität bereits beim Trinken der Milch statt. Schon kleine Kinder haben dann Gelegenheit, radioaktive Elemente in sich aufzunehmen. Für sie bedeuten sie eine besondere Gefahr. Essen wir Gemüse und Obst, so kommen die in ihnen aufgespeicherten radioaktiven Elemente in unseren Körper.

Um welche Zahlen es sich bei der Aufspeicherung radioaktiven Materials handeln kann, läßt sich aus Feststellungen ermessen, die man bei der Untersuchung der Radioaktivität des Columbiaflusses in Nordamerika machte. Verursacht war sie durch Abwässer der Atomenergie der für die Industrie produzierenden Hanford-Atomwerke, die in den Columbiafluß münden. Die Radioaktivität des Wassers war nicht bedeutend, aber die des in ihm befindlichen Planktons war es 2000mal mehr, die von Enten, die sich von diesem Plankton nährten, 40000mal mehr, die der Flußfische 150000mal mehr, die von jungen Schwalben, die von den Eltern mit Wasserinsekten gefüttert wurden, 500000mal mehr, die des Eigelbs von Wasservögeln über 1000000mal mehr.

Wenn uns immer wieder *von amtlicher und nichtamtlicher Seite* versichert wird, daß eine festgestellte erhöhte Radioaktivität der Luft noch nicht über das hinausgehe, was der menschliche Körper ohne Schaden ertragen könne, *so ist dies ein Vorbeireden an dem Problem.* Werden wir auch nicht in *direkter Weise durch die radioaktiven Elemente der Luft geschädigt, so doch in indirekter durch das, was davon schon heruntergekommen ist, noch herunterkommt und noch herunterkommen wird.* Dies nehmen wir im radioaktiven Wasser und in unserer pflanzlichen und tierischen Nahrung auf in dem Maße, als es in unserer Gegend in den für uns in Betracht kommenden Pflanzen aufgespeichert war. Die Natur wuchert – zu unserem Schaden – mit dem, was ihr von der Luft herkommt. Keine Radioaktivität der Luft, die durch die bei Explosionen entstandenen radioaktiven Elemente verursacht wurde, ist so geringfügig, daß sie nicht auf die Dauer durch Bereicherung dieser Elemente in unserem Körper sich zu einer Gefahr für uns auswachsen kann.

Daß in der Natur von uns geschaffene radioaktive Elemente vorhanden sind, ist ein unfaßliches Ereignis in der Geschichte der Erde und der Menschheit. Es zu unterlassen, sich mit der Bedeutung und seinen Folgen abzugeben, ist eine Torheit, *welche die Menschheit furchtbar teuer zu stehen kommen kann. In Gedankenlosigkeit wandeln wir in ihr dahin. Es darf nicht sein, daß wir uns nicht noch beizeiten aufraffen und die Einsicht, den Ernst und den Mut aufbringen, ihr zu entsagen, um uns mit der Wirklichkeit auseinanderzusetzen.*

Im Grunde denken die Staatsmänner der Atombomben bauenden Völker nicht anders. *Durch die ihnen zugehenden Berichte sind sie genügend unterrichtet, um sich ein Urteil zu bilden. Und Verantwortungsbewußtsein müssen wir bei ihnen auch voraussetzen.*

Jedenfalls lassen Amerika und Rußland und England einander neuerdings wissen, daß sie nichts Besseres verlangen, als miteinander ein Abkommen über die Einstellung der Versuche mit Atomwaffen zu schließen. Zugleich erklären sie aber, daß sie, solange ein solches Abkommen nicht besteht, nicht davon ablassen können, weitere Versuche zu machen. Warum kommen sie nicht dazu, ein Abkommen abzuschließen? *Der letzte und eigentliche Grund ist, daß eine öffentliche, dies verlangende Meinung in ihren Ländern nicht vorhanden ist und auch sonst bei keinen Völkern, die Japaner ausgenommen.* Diesen wurde sie dadurch aufgenötigt, daß sie von den üblen Folgen der Gesamtheit der Versuche fort und fort in schwerster Weise betroffen werden und dadurch in eine bemitleidenswerte Lage kommen.

Ein Abkommen wie dieses erfordert Zuverlässigkeit und Vertrauen. Die Garantien müssen vorhanden sein, daß es von keinem der Partner mit aus dem Grunde abgeschlossen wird, daß ihm dadurch nebenbei ein erheblicher, nur von ihm vorauszusehender, taktischer Vorteil erwächst. *Es muß von einer den betreffenden Völkern gemeinsamen, öffentlichen Meinung eingegeben und ratifiziert werden.*

XII

Rückblick und Ausblick

Mit dem Geiste der Zeit befinde ich mich in vollständigem Widerspruch, weil er von Mißachtung des Denkens erfüllt ist. Daß er so gesinnt ist, ist bis zu einem gewissen Grade daraus verständlich, daß das Denken das Ziel, das es sich stecken muß, bisher nicht erreicht hat. Soundso oft war es überzeugt, eine erkenntnismäßig und ethisch befriedigende Weltanschauung in einleuchtender Weise begründet zu haben. Nachher aber stellte sich immer wieder heraus, daß ihm dies nicht gelungen war.

So konnten Zweifel daran aufkommen, ob das Denken jemals imstande sein würde, uns die auf die Welt und unser Verhältnis zu ihr gehenden Fragen in der Art zu beantworten, daß wir unserem Leben Sinn und Inhalt zu geben vermöchten. –

Sein ganzes Leben hindurch ist der heutige Mensch der Einwirkung von Einflüssen ausgesetzt, die ihm das Vertrauen in das eigene Denken nehmen wollen. Der Geist der geistigen Unselbständigkeit, dem er sich ergeben soll, ist in allem, was er hört und liest; er ist in den Menschen, mit denen er zusammenkommt; er ist in den Parteien und Vereinen, die ihn mit Beschlag belegt haben; er ist in den Verhältnissen, in denen er lebt. Von allen Seiten und auf die mannigfachste Weise wird auf ihn eingewirkt, daß er die Wahrheiten und Überzeugungen, deren er zum Leben bedarf, von den Genossenschaften, die Rechte auf ihn haben, entgegennehme. Der Geist der Zeit läßt ihn nicht zu sich selber kommen. Wie durch die Lichtreklamen, die in den Straßen der Großstadt aufflammen, eine Gesellschaft, die kapitalkräftig genug ist, um sich durchzusetzen, auf Schritt und Tritt Zwang auf ihn ausübt, daß er sich für ihre Schuhwichse oder ihre Suppenwürfel entscheide, so werden ihm fort und fort Überzeugungen aufgedrängt.

Durch den Geist der Zeit wird der heutige Mensch also zum Skeptizismus in bezug auf das eigene Denken angehalten, damit er für autoritative Wahrheit empfänglich werde. Dieser stetigen Beeinflussung kann er nicht den erforderlichen Widerstand leisten, weil er ein überbeschäftigtes, ungesammeltes, zerstreutes Wesen ist. Überdies wirkt die vielfache materielle Unfreiheit, die sein Los ist, in der Art auf seine Mentalität ein, daß er zuletzt auch den Anspruch auf eigene Gedanken nicht mehr aufrechterhalten zu können glaubt.

Herabgesetzt wird sein geistiges Selbstvertrauen auch durch den Druck, den das ungeheure, täglich sich mehrende Wissen auf ihn ausübt. Er ist nicht mehr imstande, sich alle bekannt werdende Erkenntnis als etwas Begriffenes anzueignen, sondern muß sie als etwas Unverstandenes für richtig halten. Durch dieses Verhalten zur Wissenschaftswahrheit kommt er in Versuchung, sich in den Gedanken hineinzufinden, daß seine Urteilskraft auch in Sachen des Denkens nicht ausreiche.

So tun die Umstände der Zeit das Ihrige, uns dem Zeitgeiste auszuliefern.

Die Saat des Skeptizismus ist aufgegangen. Tatsächlich besitzt der moderne Mensch kein geistiges Selbstvertrauen mehr. Hinter einem selbstsicheren Auftreten verbirgt er eine große geistige Unsicherheit. Trotz seiner großen materiellen Leistungsfähigkeit ist er ein in Verkümmerung begriffener Mensch, weil er von seiner Fähigkeit zu denken keinen Gebrauch macht. Es wird unbegreiflich bleiben, daß unser durch Errungenschaften des Wissens und Könnens so groß dastehendes Geschlecht geistig so herunterkommen konnte, auf das Denken zu verzichten.

In einer Zeit, die alles, was sie irgendwie als rationalistisch und freisinnig empfindet, als lächerlich, minderwertig, veraltet und schon längst überwunden ansieht und sogar über die im 18. Jahrhundert erfolgte Aufstellung von unverlierbaren Menschenrechten spottet, bekenne ich mich als einen, der sein Vertrauen in das vernunftmäßige Denken setzt. Ich wage unserem Geschlechte zu sagen, daß es nicht meinen soll, mit dem Rationalismus fertig zu sein, weil der bisherige zuerst der Romantik und dann einer auf dem Gebiete des Geistigen wie des Materiellen zur Herrschaft kommenden Realpolitik Platz machen mußte. Wenn es alle Torheiten dieser universellen Realpolitik durchgemacht hat und durch sie immer tiefer in geistiges und materielles Elend geraten ist, wird ihm zuletzt nichts anderes übrigbleiben, als sich einem neuen Rationalismus, der tiefer und leistungsfähiger ist als der vergangene, anzuvertrauen und in ihm Rettung zu suchen.

Verzicht auf Denken ist geistige Bankrotterklärung. Wo die Überzeugung aufhört, daß die Menschen die Wahrheit durch ihr Denken erkennen können, beginnt der Skeptizismus. Diejenigen, die daran arbeiten, unsere Zeit in dieser Art skeptisch zu machen, tun dies in der Erwartung, daß die Menschen durch Verzicht auf selbsterkannte Wahrheit zur Annahme dessen, was ihnen autoritativ und durch Propaganda als Wahrheit aufgedrängt werden soll, gelangen werden.

Die Rechnung ist falsch. Wer der Flut des Skeptizismus die Schleusen öffnet, daß sie sich über das Land ergieße, darf nicht erwarten, sie nachher eindämmen zu können. Nur ein kleiner Teil derer, die sich entmutigen lassen, in eigenem Denken Wahrheit erreichen zu wollen, findet Ersatz dafür in übernommener Wahrheit. Die Masse selber bleibt skeptisch. Sie verliert den Sinn für Wahrheit und das Bedürfnis nach ihr und findet sich darein, in Gedankenlosigkeit dahinzuleben und zwischen Meinungen hin- und hergetrieben zu werden.

Aber auch das Übernehmen autoritativer Wahrheit mit geistigem und ethischem Gehalt bringt den Skeptizismus nicht zum Aufhören, sondern deckt ihn nur zu. Der unnatürliche Zustand, daß der Mensch nicht an eine von ihm selber erkennbare Wahrheit glaubt, dauert an und wirkt sich aus. Die Stadt der Wahrheit kann nicht auf dem Sumpfboden des Skeptizismus erbaut werden. Weil unser geistiges Leben durch und durch mit Skeptizismus durchsetzt ist, ist es durch und durch morsch. Darum leben wir in einer Welt, die in jeder Hinsicht voller Lüge ist. An der Tatsache, daß wir auch die Wahrheit organisieren wollen, sind wir im Begriffe, zugrunde zu gehen.

Die übernommene Wahrheit des gläubig gewordenen Skeptizismus hat nicht die geistigen Qualitäten der im Denken entstandenen. Sie ist veräußerlicht und erstarrt. Sie bekommt Einfluß auf den Menschen, aber sie vermag nicht, sich mit seinem Wesen von innen her zu verbinden. Lebendige Wahrheit ist nur die, die im Denken entsteht.

Wie der Baum Jahr für Jahr dieselbe Frucht, aber jedesmal neu bringt, so müssen auch alle bleibend wertvollen Ideen in dem Denken stets von neuem geboren werden. Unsere Zeit aber will es unternehmen, den unfruchtbaren Baum des Skeptizismus dadurch fruchtbar zu machen, daß sie Früchte der Wahrheit an seine Zweige bindet.

Allein durch die Zuversicht, in unserem individuellen Denken zu Wahrheit gelangen zu können, sind wir für Wahrheit aufnahmefähig. Das freie Denken, das Tiefe hat, verfällt nicht in Subjektivismus. Mit den eigenen Ideen bewegt es diejenigen in sich, die in der Überlieferung irgendwie als Wahrheit Geltung haben, und bemüht sich, sie als Erkenntnis besitzen zu können.

So stark wie der Wille zur Wahrheit muß der zur Wahrhaftigkeit sein. Nur eine Zeit, die den Mut der Wahrhaftigkeit aufbringt, kann Wahrheit besitzen, die als geistige Kraft in ihr wirkt.

Wahrhaftigkeit ist das Fundament des geistigen Lebens. Durch seine Geringschätzung des Denkens hat unser Geschlecht den Sinn für Wahrhaftigkeit und mit ihm auch den für Wahrheit verloren. Darum ist ihm nur dadurch zu helfen, daß man es wieder auf den Weg des Denkens bringt.

Weil ich diese Gewißheit habe, lehne ich mich gegen den Geist der Zeit auf und nehme mit Zuversicht die Verantwortung auf mich, an der Wiederanfachung des Feuers des Denkens beteiligt zu sein.

Schon durch seine Art ist das Denken der Ehrfurcht vor dem Leben in besonderer Weise befähigt, den Kampf gegen den Skeptizismus aufzunehmen. Es ist elementar.

Elementar ist das Denken, das von den fundamentalen Fragen des Verhältnisses des Menschen zur Welt, des Sinnes des Lebens und des Wesens des Guten ausgeht. In unmittelbarer Weise steht es mit dem sich in jedem Menschen regenden Denken in Verbindung. Es geht auf es ein und erweitert und vertieft es.

Solches elementare Denken liegt im Stoizismus vor. Als ich als Student den Gang durch die Geschichte der Philosophie antrat, hatte ich Mühe, mich vom Stoizismus loszureißen und meinen Weg in das nach ihm kommende, so ganz anders geartete Denken fortzusetzen. Zwar vermochten mich seine Ergebnisse nicht zu befriedigen. Aber ich hatte das Empfinden, daß diese einfache Art des Philosophierens die richtige sei, und konnte nicht begreifen, daß man sie hatte aufgeben können.

Groß erschien mir der Stoizismus dadurch, daß er auf geradem Wege auf sein Ziel losgeht, daß er allgemein verständlich und zugleich tief ist, daß er sich mit der Wahrheit, die er als solche erkennt, mag sie auch unbefriedigend sein, bescheidet, daß er dieser Wahrheit durch den Ernst, mit dem er sich ihr hingibt, Leben verleiht, daß er den Geist der

Wahrhaftigkeit besitzt, daß er die Menschen anhält, sich zu sammeln und zu verinnerlichen, und daß er Verantwortungsbewußtsein in ihnen weckt. Auch den Grundgedanken des Stoizismus, daß der Mensch in ein geistiges Verhältnis zur Welt kommen und mit ihr eins werden müsse, empfand ich als wahr. Seinem Wesen nach ist der Stoizismus Naturphilosophie, die bei Mystik anlangt.

In derselben Weise wie das Denken des Stoizismus empfand ich das des Laotse, als ich mit seinem Taoteking bekannt wurde, als elementar. Auch für Laotse handelt es sich darum, daß der Mensch durch einfaches Denken in ein geistiges Verhältnis zu der Welt komme und dieses Einsgewordensein mit ihr in seinem Leben bewähre.

Der griechische und der chinesische Stoizismus sind also wesensverwandt. Sie unterscheiden sich voneinander nur dadurch, daß der griechische in entwickeltem, logischem, der chinesische in unentwickeltem, aber wunderbar tiefem, intuitivem Denken entstanden ist.

Dieses in der europäischen wie in der außereuropäischen Philosophie auftretende elementare Denken vermag die ihm zustehende Führung aber nicht zu behalten, sondern muß sie an das unelementare abgeben. Es setzt sich nicht durch, weil seine Resultate nicht befriedigen. Den Drang nach Wirken und nach ethischer Tat, der in dem Willen zum Leben des geistig entwickelten Menschen ist, vermag es nicht als sinnvoll zu begreifen. So bleibt der griechische Stoizismus bei dem Ideal der Resignation und Lao-Tse bei dem der uns Europäer so merkwürdig anmutenden gütigen Tatenlosigkeit stehen.

Eigentlich besteht die ganze Geschichte der Philosophie darin, daß die Gedanken ethischer Welt- und Lebensbejahung, die naturhaft in dem Menschen sind, sich mit dem Ergebnis des einfachen, logischen Denkens über den Menschen und sein Verhältnis zur Welt nicht zufriedengeben können, weil sie sich in ihm nicht zu begreifen vermögen. Also nötigen sie das Denken, Umwege einzuschlagen, auf denen sie zum Ziele zu kommen hoffen. So entsteht neben dem elementaren ein vielgestaltiges unelementares Denken, das jenes umrankt und oft ganz zudeckt.

Die Umwege, die das Denken einschlägt, laufen vornehmlich in der Richtung des Versuchs einer Welterklärung, die den Willen zum ethischen Wirken in der Welt als sinnvoll dartun soll. Im Spätstoizismus eines Epiktet und eines Marc Aurel, im Rationalismus des 18. Jahrhunderts und bei Kung-Tse (Konfuzius), Meng-Tse (Mencius), Mi-Tse (Micius) und anderen chinesischen Denkern gelangt die von dem elementaren Problem des Verhältnisses des Menschen zur Welt ausgehende Philosophie zu ethischer Welt- und Lebensbejahung dadurch, daß sie das Weltgeschehen auf einen ethische Ziele verfolgenden Weltwillen zurückführt und den Menschen für diesen in Dienst nimmt. In dem Denken der Brahmanen, Buddhas wie überhaupt in den indischen Systemen und der Philosophie Schopenhauers wird die andere Welterklärung aufgestellt, daß das in Raum und Zeit sich abspielende Sein sinnlos sei und zu Ende gebracht werden müsse. Das sinnvolle Verhalten des Menschen zur Welt sei also, ihr und dem Leben abzusterben.

Neben solchem wenigstens seinem Ausgangspunkt und seinen Interessen nach elementar gebliebenen Denken geht, besonders in der europäischen Philosophie, eines einher, das dadurch vollständig unelementar ist, daß es die Frage des Verhältnisses des Menschen zur Welt nicht mehr zum Mittelpunkt hat. Es beschäftigt sich mit dem erkenntnistheoretischen Problem, mit logischen Spekulationen, mit Naturwissenschaft, mit Psychologie, mit Soziologie oder mit irgend etwas anderem, als hätte es die Philosophie mit der Lösung dieser Fragen an sich zu tun oder bestünde sie gar nur in dem Sichten und Zusammenfassen der Ergebnisse der verschiedenen Wissenschaften. Statt den Menschen zu stetigem Nachdenken über sich und sein Verhältnis zur Welt anzuhalten, teilt ihm diese Philosophie Ergebnisse der Erkenntnistheorie, der logischen Spekulation, der Naturwissenschaften, der Psychologie oder der Soziologie als etwas mit, nach dem sich seine Ansicht über sein Leben und sein Verhältnis zur Welt einfach zu richten habe. Dies alles trägt sie ihm vor, als wäre er nicht ein Wesen, das in der Welt ist und sich in ihr erlebt, sondern eines, das neben ihr steht und sie anschaut.

Weil diese unelementare europäische Philosophie von irgendeinem willkürlich gewählten Punkte her auf das Problem des Verhältnisses des Menschen zur Welt eingeht oder an ihm vorbeigeht, hat sie etwas Uneinheitliches, Unruhiges, Gekünsteltes, Exzentrisches und Fragmentarisches an sich. Zugleich aber ist sie die reichste und universellste. In ihren aufeinanderfolgenden und durcheinandergehenden Systemen, Halbsystemen und Nichtsystemen bekommt sie das Problem der Weltanschauung von allen Seiten her und in jeder möglichen Perspektive zu Gesicht. Auch ist sie die sachlichste insofern, als sie auf die Naturwissenschaften, die Geschichte und die Fragen der Ethik tiefer eingeht als die anderen.

Die kommende Weltphilosophie wird nicht so sehr in der Auseinandersetzung zwischen europäischem und nichteuropäischem Denken als in der zwischen elementarem und nichtelementarem Denken entstehen.

Abseits in dem Geistesleben unserer Zeit steht die Mystik. Ihrem Wesen nach ist sie elementares Denken, weil sie in unmittelbarer Weise damit beschäftigt ist, den Menschen in ein geistiges Verhältnis zur Welt gelangen zu lassen. Aber sie Verzweifelt daran, daß dies in logischem Denken möglich sei, und zieht sich auf das intuitive zurück, in dem sich die Phantasie betätigen kann. In gewissem Sinne geht also auch die bisherige Mystik auf ein Denken zurück, das Umwege versucht. Da uns nur eine in logischem Denken entstandene Erkenntnis als Wahrheit gilt, können die in solcher Mystik enthaltenen Überzeugungen der Art nach, wie sie von ihr ausgesprochen und begründet sind, nicht unser geistiger Besitz werden. Überdies sind sie auch an sich nicht befriedigend. Von aller bisherigen Mystik gilt, daß ihr ethischer Gehalt zu gering ist. Sie bringt die Menschen auf den Weg der Innerlichkeit, aber nicht auch auf den der lebendigen Ethik. Die Wahrheit einer Weltanschauung hat sich darin zu erweisen, daß das geistige Verhältnis zum Sein und zur Welt, in das wir durch sie kommen, innerliche Menschen mit tätiger Ethik aus uns macht.

Die Menschen wieder denkend machen, heißt also, sie ihr eigenes Denken wiederfinden lassen, daß sie in ihm zur Erkenntnis, deren sie zum Leben bedürfen, zu gelangen suchen. In dem Denken der Ehrfurcht vor dem Leben findet eine Erneuerung des elementaren Denkens statt. Der Strom, der eine lange Strecke unterirdisch floß, kommt wieder an die Oberfläche.

Daß das elementare Denken jetzt zur ethischen Welt- und Lebensbejahung gelangt, um die es sich früher vergeblich bemühte, ist nicht eine Selbsttäuschung, sondern hängt damit zusammen, daß es durchaus sachlich geworden ist.

Früher setzte es sich mit der Welt nur als mit einer Totalität von Geschehen auseinander. Mit dieser Totalität von Geschehen kann der Mensch in kein anderes geistiges Verhältnis kommen, als daß er mit seinem natürlichen Unterworfensein unter sie durch Resignation geistig fertig zu werden sucht. Seinem Tun vermag er bei dieser Auffassung der Welt keinen Sinn zu geben. Durch keine Erwägung kann er sich in den Dienst der ihn erdrückenden Totalität des Geschehens stellen. Der Weg zur Welt- und Lebensbejahung und zur Ethik ist ihm versperrt.

Was das durch diese unlebendige und unvollständige Vorstellung der Welt behinderte elementare Denken auf natürliche Weise nicht zu erreichen vermag, sucht es dann, vergeblich, durch irgendeine Erklärung der Welt zu erzwingen. Es ist wie ein Strom, der auf seinem Weg zum Meere durch ein Gebirge aufgehalten wird. Nun suchen seine Wasser auf

Umwegen einen Ausgang zu finden. Umsonst. Sie gelangen nur immer in neue Täler, die sie ausfüllen. Nach Jahrhunderten gelingt dann der gestauten Flut der Durchbruch.

Die Welt ist nicht nur Geschehen, sondern auch Leben. Zu dem Leben der Welt, soweit es in meinen Bereich tritt, habe ich mich nicht nur leidend, sondern auch tätig zu verhalten. Indem ich mich in den Dienst des Lebendigen stelle, gelange ich zu einem sinnvollen, auf die Welt gerichteten Tun.

So einfach und selbstverständlich sich die Ersetzung des unlebendigen Weltbegriffes durch die wirkliche, von Leben erfüllte Welt ausnimmt, wenn sie einmal vollzogen ist, so bedurfte es doch einer langen Evolution, bis sie möglich wurde. Wie das Gestein eines aus dem Meere emporgestiegenen Gebirges erst sichtbar wird, nachdem die es bedeckenden Kalkschichten nach und nach durch den Regen abgeschwemmt worden sind, also überlagert in den Fragen der Weltanschauung unsachliches Denken das sachliche.

Die Idee der Ehrfurcht vor dem Leben ergibt sich als die sachliche Lösung der sachlich gestellten Frage, wie der Mensch und die Welt zusammengehören. Von der Welt weiß der Mensch nur, daß alles, was ist, Erscheinung vom Willen zum Leben ist, wie er selber. Mit dieser Welt steht er im Verhältnis sowohl der Passivität wie der Aktivität. Einerseits ist er dem Geschehen unterworfen, das in dieser Gesamtheit von Leben gegeben ist; andererseits ist er fähig, hemmend oder fördernd, vernichtend oder erhaltend auf Leben, das in seinen Bereich kommt, einzuwirken.

Die einzige Möglichkeit, seinem Dasein einen Sinn zu geben, besteht darin, daß er sein natürliches Verhältnis zur Welt zu einem geistigen erhebt. Als erleidendes Wesen kommt er in ein geistiges Verhältnis zur Welt durch Resignation. Wahre Resignation besteht darin, daß der Mensch in seinem Unterworfensein unter das Weltgeschehen zur innerlichen Freiheit von den Schicksalen, die das Äußere seines Daseins ausmachen, hindurchdringt. Innerliche Freiheit will heißen, daß er die Kraft findet, mit allem Schweren in der Art fertig zu werden, daß er dadurch vertieft, verinnerlicht, geläutert, still und friedvoll wird. Resignation ist also die geistige und ethische Bejahung des eigenen Daseins. Nur der Mensch, der durch Resignation hindurchgegangen ist, ist der Weltbejahung fähig.

Als tätiges Wesen kommt er in ein geistiges Verhältnis zur Welt dadurch, daß er sein Leben nicht für sich lebt, sondern sich mit allem Leben, das in seinen Bereich kommt, eins weiß, dessen Schicksale in sich erlebt, ihm, so viel er nur immer kann, Hilfe bringt und solche durch ihn vollbrachte Förderung und Errettung von Leben als das tiefste Glück, dessen er teilhaftig werden kann, empfindet.

Wird der Mensch denkend über das Geheimnisvolle seines Lebens und der Beziehungen, die zwischen ihm und dem die Welt erfüllenden Leben bestehen, so kann er nicht anders, als daraufhin seinem eigenen Leben und allem Leben, das in seinen Bereich tritt, Ehrfurcht vor dem Leben entgegenzubringen und diese in ethischer Welt- und Lebensbejahung zu betätigen. Sein Dasein wird dadurch in jeder Hinsicht schwerer, als wenn er für sich lebte, zugleich aber auch reicher, schöner und glücklicher. Aus Dahinleben wird es jetzt wirkliches Erleben des Lebens.

In unmittelbarer und absolut zwingender Weise führt das Denkendwerden über Leben und Welt zur Ehrfurcht vor dem Leben. Es enthält keine Schlußfolgerungen, die auch in anderer Richtung laufen könnten.

Will der einmal denkend gewordene Mensch in dem Dahinleben verharren, so kann er dies nur dadurch, daß er sich, wenn er es über sich bringt, wieder der Gedankenlosigkeit ergibt und sich in ihr betäubt. Verbleibt er im Denken, so kann er zu keinem anderen Ergebnis als zur Ehrfurcht vor dem Leben gelangen.

Alles Denken, in dem Menschen zum Skeptizismus oder zum Leben ohne ethische Ideale zu gelangen behaupten, ist kein Denken, sondern nur als Denken auftretende Gedankenlosigkeit, die sich als solche dadurch erweist, daß sie nicht mit dem Geheimnisvollen des Lebens und der Welt beschäftigt ist.

Die Ehrfurcht vor dem Leben enthält in sich Resignation, Welt- und Lebensbejahung und Ethik, die drei Grundelemente einer Weltanschauung, als untereinander zusammenhängende Ergebnisse des Denkens.

Bisher gab es Weltanschauungen der Resignation, Weltanschauungen der Welt- und Lebensbejahung und Weltanschauungen, die dem Ethischen zu genügen suchten. Keine aber vermochte die drei Elemente miteinander zu vereinigen. Möglich wird dies erst daraufhin, daß alle drei ihrem Wesen nach aus der Allgemeinüberzeugung der Ehrfurcht vor dem Leben begriffen und als miteinander in ihr enthalten erkannt werden. Resignation und Welt- und Lebensbejahung führen kein Eigendasein neben der Ethik, sondern sind ihre unteren Oktaven.

Aus sachlichem Denken entstanden, ist die Ethik der Ehrfurcht vor dem Leben sachlich und bringt den Menschen in sachliche und stetige Auseinandersetzung mit der Wirklichkeit.

Auf den ersten Blick will es scheinen, als ob Ehrfurcht vor dem Leben etwas zu Allgemeines und zu Unlebendiges sei, um den Inhalt einer lebendigen Ethik ausmachen zu können. Das Denken hat sich aber nicht darum zu kümmern, ob seine Ausdrücke lebendig genug lauten, sondern nur darum, ob sie zutreffen und Leben in sich haben. Wer unter den Einfluß der Ethik der Ehrfurcht vor dem Leben gerät, wird durch das, was sie von ihm verlangt, alsbald zu spüren bekommen, welches Feuer in dem unlebendigen Ausdruck glüht.

Die Ethik der Ehrfurcht vor dem Leben ist die ins Universelle erweiterte Ethik der Liebe. Sie ist die als denknotwendig erkannte Ethik Jesu.

Beanstandet wird an ihr auch, daß sie dem natürlichen Leben einen zu großen Wert beilege. Darauf kann sie erwidern, daß es der Fehler aller bisherigen Ethik war, nicht das Leben als solches als den geheimnisvollen Wert erkannt zu haben, mit dem sie es zu tun hat. Alles geistige Leben tritt uns in natürlichem entgegen. Die Ehrfurcht vor dem Leben gilt also dem natürlichen und dem geistigen Leben miteinander. Der Mann im Gleichnis Jesu rettet nicht die Seele des verlorenen Schafes, sondern das ganze Schaf. Mit der Stärke der Ehrfurcht vor dem natürlichen Leben wächst die vor dem geistigen.

Besonders befremdlich findet man an der Ethik der Ehrfurcht vor dem Leben, daß sie den Unterschied zwischen höherem und niedererem, wertvollerem und weniger wertvollem Leben nicht geltend mache. Sie hat ihre Gründe, dies zu unterlassen.

Das Unternehmen, allgemeingültige Wertunterschiede zwischen den Lebewesen zu statuieren, läuft darauf hinaus, sie danach zu beurteilen, ob sie uns Menschen nach unserm Empfinden näher oder ferner zu stehen scheinen, was ein ganz subjektiver Maßstab ist. Wer von uns weiß, was das andere Lebewesen an sich und in dem Weltganzen für eine Bedeutung hat?

Im Gefolge dieser Unterscheidung kommt dann die Ansicht auf, daß es wertloses Leben gäbe, dessen Schädigung und Vernichtung nichts auf sich habe. Unter wertlosem Leben werden dann, je nach den Umständen, Arten von Insekten oder primitive Völker verstanden.

Dem wahrhaft ethischen Menschen ist alles Leben heilig, auch das, das uns vom Menschenstandpunkt aus als tieferstehend vorkommt. Unterschiede macht er nur von Fall zu Fall und unter dem Zwange der Notwendigkeit, wenn er nämlich in die Lage kommt, entscheiden zu müssen, welches Leben er zur Erhaltung des anderen zu opfern hat. Bei diesem Entscheiden von Fall zu Fall ist er sich bewußt, subjektiv und willkürlich zu verfahren und die Verantwortung für das geopferte Leben zu tragen zu haben.

Ich freue mich über die neuen Schlafkrankheitsmittel, die mir erlauben, Leben zu erhalten, wo ich früher qualvollem Siechtum zusehen mußte. Jedesmal aber, wenn ich unter dem Mikroskop die Erreger der Schlafkrankheit vor mir habe, kann ich doch nicht anders, als mir Gedanken darüber machen, daß ich dieses Leben vernichten muß, um anderes zu erretten.

Ich kaufe Eingeborenen einen jungen Fischadler ab, den sie auf einer Sandbank gefangen haben, um ihn aus ihren grausamen Händen zu erretten. Nun aber habe ich zu entscheiden, ob ich ihn verhungern lasse oder ob ich täglich soundso viele Fischlein töte, um ihn am Leben zu erhalten. Ich entschließe mich für das letztere. Aber jeden Tag empfinde ich es als etwas Schweres, daß auf meine Verantwortung hin dieses Leben dem andern geopfert wird.

Mit der gesamten Kreatur unter dem Gesetz der Selbstentzweiung des Willens zum Leben stehend, kommt der Mensch fort und fort in die Lage, sein eigenes Leben wie auch Leben überhaupt nur auf Kosten von anderem Leben erhalten zu können. Ist er von der Ethik der Ehrfurcht vor dem Leben berührt, so schädigt und vernichtet er Leben nur aus Notwendigkeit, der er nicht entrinnen kann, niemals aus Gedankenlosigkeit. Wo er ein Freier ist, sucht er nach Gelegenheit, die Seligkeit zu kosten, Leben beistehen zu können und Leid und Vernichtung von ihm abzuwenden.

Daß die universelle Ethik der Ehrfurcht vor dem Leben das so vielfach als Sentimentalität hingestellte Mitleid mit dem Tiere als etwas, dem sich kein denkender Mensch entziehen könne, erweist, bereitet mir, der ich von Jugend auf der Tierschutzbewegung zugetan war, eine besondere Freude. Die bisherige Ethik stand dem Problem Mensch und Tier entweder verständnislos oder ratlos gegenüber. Auch wenn sie das Mitleid mit der Kreatur als richtig empfand, konnte sie es nicht unterbringen, weil sie ja eigentlich nur auf das Verhalten des Menschen zum Menschen eingestellt war.

Wann wird es dahin kommen, daß die öffentliche Meinung keine Volksbelustigungen mehr duldet, die in Mißhandlung von Tieren bestehen!

Die in dem Denken entstehende Ethik ist also nicht „verstandesgemäß“, sondern irrational und enthusiastisch. Sie steckt keinen klug abgemessenen Kreis von Pflichten ab, sondern legt dem Menschen die Verantwortung für alles Leben, das in seinem Bereich ist, auf und zwingt ihn, sich ihm helfend hinzugeben.

Tiefe Weltanschauung ist Mystik insofern, als sie den Menschen in ein geistiges Verhältnis zum Unendlichen bringt. Die Weltanschauung der Ehrfurcht vor dem Leben ist ethische Mystik. Sie läßt das Einswerden mit dem Unendlichen durch ethische Tat verwirklicht werden. Diese ethische Mystik entsteht in logischem Denken. Wird unser Wille zum Leben über sich und die Welt denkend, so gelangen wir dazu, das Leben der Welt, soweit es in unseren Bereich tritt, in dem unseren zu erleben und unseren Willen zum Leben durch die Tat an den unendlichen Willen zum Leben hinzugeben. Mit Notwendigkeit endet rationales Denken, wenn es in die Tiefe geht, in dem Irrationalen der Mystik. Es hat es ja mit dem Leben und der Welt zu tun, die beide irrationale Größen sind.

In der Welt offenbart sich uns der unendliche Wille zum Leben als Schöpferwille, der voll dunkler und schmerzlicher Rätsel für uns ist, in uns als Wille der Liebe, der durch uns die Selbstentzweiung des Willens zum Leben aufheben will.

Die Weltanschauung der Ehrfurcht vor dem Leben hat also religiösen Charakter. Der Mensch, der sich zu ihr bekennt und sie betätigt, ist in elementarer Weise fromm.

Durch ihre religiös geartete tätige Ethik der Liebe und durch ihre Innerlichkeit ist die Weltanschauung der Ehrfurcht vor dem Leben der des Christentums wesensverwandt. Damit ist die Möglichkeit gegeben, daß das Christentum und das Denken in ein anderes, für das geistige Leben ersprießlicheres Verhältnis zueinander kommen als bisher.

Das Wesentliche des Christentums, wie es von Jesus verkündet ist und wie es vom Denken begriffen wird, ist dies, daß wir durch die Liebe allein in Gemeinschaft mit Gott gelangen können. Alle lebendige Erkenntnis Gottes geht darauf zurück, daß wir ihn als Wille der Liebe in unseren Herzen erleben.

Wer erkannt hat, daß die Idee der Liebe der geistige Lichtstrahl ist, der aus der Unendlichkeit zu uns gelangt, der hört auf, von der Religion zu verlangen, daß sie ihm ein vollständiges Wissen von dem Übersinnlichen biete. Wohl bewegt er die großen Fragen in sich, was das Übel in der Welt bedeute, wie in Gott, dem Urgrund des Seins, der Schöpferwille und der Liebeswille eins seien, in welchem Verhältnis das geistige und das materielle Leben zueinander stehen und in welcher Art unser Dasein vergänglich und dennoch unvergänglich sei. Aber er vermag es, sie dahingestellt sein zu lassen, so schmerzlich ihm der Verzicht auf die Lösung ist. In dem Wissen vom geistigen Sein in Gott durch die Liebe besitzt er das eine, was not tut.

„Die Liebe höret nimmer auf, so doch die Erkenntnis aufhören wird", heißt es bei Paulus.

Je tiefer die Frömmigkeit ist, desto anspruchsloser ist sie in Hinsicht auf die Erkenntnis des Übersinnlichen. Sie ist wie der Weg, der zwischen den Höhen hindurch, nicht über sie hinaus führt.

Die Befürchtung, daß das Christentum, das auf die aus dem Denken kommende Frömmigkeit eingeht, dem Pantheismus verfalle, ist gegenstandslos. Pantheistisch ist jedes lebendige Christentum insoweit, als es alles, was ist, als in dem Urgrund alles Seins seiend ansehen muß. Zugleich aber steht jede ethische Frömmigkeit über aller pantheistischen Mystik dadurch, daß sie den Gott der Liebe nicht in der Natur findet, sondern von ihm nur dadurch weiß, daß er sich als Wille der Liebe in uns kundgibt. Der Urgrund des Seins, wie er in der Natur in Erscheinung tritt, ist uns immer etwas Unpersönliches. Zum Urgrund des Seins aber, der als Wille zur Liebe in uns offenbar wird, verhalten wir uns als zu einer ethischen Persönlichkeit. Der Theismus steht nicht in Gegensatz zum Pantheismus, sondern erhebt sich aus ihm als das ethisch Bestimmte aus dem naturhaft Unbestimmten.

Unbegründet ist auch das Bedenken, daß das durch das Denken hindurchgegangene Christentum dem Menschen seine Sündhaftigkeit nicht mehr ernstlich genug zum Bewußtsein bringe. Nicht da, wo am meisten von Sündhaftigkeit geredet wird, wird sie am eindringlichsten gelehrt. In der Bergpredigt kommt nicht viel davon vor. Aber durch die Sehnsucht nach Freiwerden von der Sünde und nach Herzensreinheit, die Jesus in die Seligpreisungen hineingelegt hat, sind diese die große Bußpredigt, die stetig an die Menschen ergeht.

Läßt sich das Christentum durch irgendwelche Traditionen und Erwägungen davon abhalten, sich in ethisch-religiösem Denken begreifen zu wollen, so ist dies ein Unglück für es selber und für die Menschheit.

Was dem Christentum not tut, ist, daß es ganz von dem Geist Jesu erfüllt sei und in diesem sich zur lebendigen Religion der Verinnerlichung und der Liebe vergeistige, die es seiner Bestimmung nach ist. Nur als diese vermag es Sauerteig des geistigen Lebens der Menschheit zu werden. Was seit 19 Jahrhunderten als Christentum in der Welt auftritt, ist erst ein Anfang vom Christentum, voller Schwachheiten und Irrungen, nicht volles Christentum aus dem Geiste Jesu.

Weil ich dem Christentum in tiefer Liebe ergeben bin, suche ich ihm in Treue und Wahrhaftigkeit zu dienen. In keiner Weise unternehme ich es, mit dem krummen und brüchigen Denken christlicher Apologetik für es einzutreten, sondern halte es dazu an, sich im Geiste der Wahrhaftigkeit mit seiner Vergangenheit und dem Denken auseinanderzusetzen, daß es sich dadurch seines wahren Wesens bewußt werde.

Daß das Aufkommen des elementaren, zur ethisch-religiösen Idee der Ehrfurcht vor dem Leben gelangenden Denkens dazu beitrage, das Christentum und das Denken einander näherzubringen, ist meine Hoffnung.

Auf die Frage, ob ich pessimistisch oder optimistisch sei, antworte ich, daß mein Erkennen pessimistisch und mein Wollen und Hoffen optimistisch ist.

Pessimistisch bin ich darin, daß ich das nach unseren Begriffen Sinnlose des Weltgeschehens in seiner ganzen Schwere erlebe. Nur in ganz seltenen Augenblicken bin ich meines Daseins wirklich froh geworden. Ich konnte nicht anders als alles Weh, das ich um mich herum sah, dauernd miterleben, nicht nur das der Menschen, sondern auch das der Kreatur. Mich diesem Mit-Leiden zu entziehen, habe ich nie versucht. Es erschien mir selbstverständlich, daß wir alle an der Last von Weh, die auf der Welt liegt, mittragen müssen. Schon während meiner Gymnasialzeit war mir klar, daß mich keine Erklärung des Übels in der Welt jemals befriedigen könne, sondern daß sie alle auf Sophistereien hinausliefen und im Grunde nichts anderes bezweckten, als es den Menschen zu ermöglichen, das Elend um sie herum weniger lebhaft mitzuerleben. Daß ein Denker wie Leibniz die armselige Auskunft vorbringen konnte, diese Welt sei zwar nicht gut, aber unter den möglichen die beste, ist mir immer unverständlich geblieben.

So sehr mich das Problem des Elends in der Welt beschäftigte, so verlor ich mich doch nie in Grübeln darüber, sondern hielt mich an den Gedanken, daß es jedem von uns verliehen sei, etwas von diesem Elend zum Aufhören zu bringen. So fand ich mich nach und nach darein, daß das einzige, was wir an jenem Problem verstehen könnten, dies sei, daß wir unsern Weg als solche, die Erlösung bringen wollen, zu gehen hätten.

Auch in der Beurteilung der Lage, in der sich die Menschheit zur Zeit befindet, bin ich pessimistisch. Ich vermag mir nicht einzureden, daß es weniger schlimm mit ihr steht, als es den Anschein hat, sondern bin mir bewußt, daß wir uns auf einem Wege befinden, der uns, wenn wir ihn weiter begehen, in eine neue Art von Mittelalter hineinführen wird. Das geistige und materielle Elend, dem sich unsere Menschheit durch den Verzicht auf das Denken und die aus dem Denken kommenden Ideale ausliefert, stelle ich mir in seiner ganzen Größe vor. Dennoch bleibe ich optimistisch. Als unverlierbaren Kinderglauben habe ich mir den an die Wahrheit bewahrt. Ich bin der Zuversicht, daß der aus der Wahrheit kommende Geist stärker ist als die Macht der Verhältnisse. Meiner Ansicht nach gibt es kein anderes Schicksal der Menschheit als dasjenige, das sie sich durch ihre Gesinnung selber bereitet. Darum glaube ich nicht, daß sie den Weg des Niedergangs bis zum Ende gehen muß.

Finden sich Menschen, die sich gegen den Geist der Gedankenlosigkeit auflehnen und als Persönlichkeiten lauter und tief genug sind, daß die Ideale ethischen Fortschritts als Kraft von ihnen ausgehen können, so hebt ein Wirken des Geistes an, das vermögend ist, eine neue Gesinnung in der Menschheit hervorzubringen.

Weil ich auf die Kraft der Wahrheit und des Geistes vertraue, glaube ich an die Zukunft der Menschheit. Ethische Welt- und Lebensbejahung enthält optimistisches Wollen und Hoffen unverlierbar in sich. Darum fürchtet sie sich nicht davor, die trübe Wirklichkeit so zu sehen, wie sie ist.

In meinem eigenen Dasein sind mir Sorge, Not und Traurigkeit zuzeiten so reichlich beschieden gewesen, daß ich mit weniger starken Nerven darunter zusammengebrochen wäre. Schwer trage ich an der Last von Müdigkeit und Verantwortung, die seit Jahren ständig auf mir liegt. Von meinem Leben habe ich nicht viel für mich selber, nicht einmal die Stunden, die ich Frau und Kind widmen möchte.

Als Gutes ist mir zuteil geworden, daß ich im Dienste der Barmherzigkeit stehen darf, daß mein Wirken Erfolg hat, daß ich viel Liebe und Güte von Menschen erfahre, daß ich treue Helfer habe, die mein Tun zu dem ihren machen, daß ich über eine Gesundheit verfüge, die mir angestrengtestes Arbeiten erlaubt, daß ich eine sich stets im Gleichgewicht haltende Gemütsart und eine mit Ruhe und Überlegung sich betätigende Energie besitze und daß ich alles, was mir an Glück widerfährt, auch als solches erkenne und als etwas hinnehme, für das ich Dankbarkeitsopfer darzubringen habe.

Tief bewegt mich, daß ich als ein Freier in einer Zeit, in der drückende Unfreiheit das Los so vieler ist, wirken darf, wie auch, daß ich, in materieller Arbeit stehend, zugleich die Möglichkeit habe, mich auf dem Gebiete des Geistigen zu betätigen.

Daß die Verhältnisse meines Lebens in so mannigfacher Weise günstige Vorbedingungen für mein Schaffen abgeben, nehme ich als etwas hin, dessen ich mich würdig erweisen möchte.

Wieviel werde ich von der Arbeit, die ich mir vorgenommen habe, noch fertigbringen?

Mein Haar beginnt zu ergrauen. Mein Körper fängt an, die Strapazen, die ich ihm zumutete, und die Jahre zu spüren.

Dankbar blicke ich auf die Zeit zurück, in der ich, ohne mit meinen Kräften haushalten zu brauchen, rastlos körperliche und geistige Arbeit leisten durfte. Gefaßt und demütig schaue ich auf die aus, die kommt, damit mich Verzichten, wenn es mir beschieden sein soll, nicht unvorbereitet treffe. Als Wirkende und als Leidende haben wir ja die Kräfte von Menschen zu bewähren, die zum Frieden hindurchgedrungen sind, der höher ist als alle Vernunft.

Lambarene, am 7. März 1931

Zu den Quellen

I. „*Die Entstehung der Lehre der Ehrfurcht vor dem Leben und ihre Bedeutung für unsere Kultur*": Manuskript von Albert Schweitzer 1963 dem Herausgeber zugeleitet. (Diese Vorlage befindet sich bei H. W. Bähr.)

II. „*Die Ehrfurcht vor dem Leben*" aus: Albert Schweitzer ‚Straßburger Predigten', hrsg. von Ulrich Neuenschwander. München 1966, S. 128–136.
Über die Ehrfurcht vor dem Leben hat Albert Schweitzer am 16. und 23. Februar 1919 in zwei Morgenpredigten in der Kirche zu St. Nicolai in Straßburg erstmals öffentlich gesprochen. Im vorliegenden Buche sind Ausführungen aus der 2. Predigt abgedruckt. Sie enthalten nach der Arbeit an der Kulturphilosophie, die Albert Schweitzer in den vorangegangenen Jahren in Afrika geschrieben hat, Grundgedanken, wie sie später sich in dem Buch „Kultur und Ethik" finden. Der Predigttext vom 23. Februar 1919 war Römer 14, 7: „Denn unser keiner lebt sich selber, und keiner stirbt sich selber".

III. „*Forderungen und Wege*" aus: Albert Schweitzer ‚Kultur und Ethik', München 1923, S. 240–265.

IV. „*Die Krise der Kultur und ihre geistige Ursache*" aus: Albert Schweitzer ‚Kultur und Ethik', München 1923, S. 1–9.

V. „*Jugenderinnerungen*" aus: Albert Schweitzer ‚Aus meiner Kindheit und Jugendzeit'. München 1924, S. 26–28 und S. 52–63.

VI. „*Ethik als Leben im Geiste Jesu Christi*" aus: Albert Schweitzer ‚Die Mystik des Apostels Paulus'. Tübingen 1930, S. 366–369, 373–385.

VII. „*Philosophie und Tierschutzbewegung*": Als Privatdruck um 1950 verbreitet; von Frau Emmy Martin aus Günsbach übermittelt.

VIII. „*Das Problem des Ethischen in der Entwicklung des menschlichen Denkens*": Erstdruck unter dem Titel ‚Le Problème de l'Éthique dans l'Évolution de la Pensée humaine' in: Revue des Travaux de l'Académie des Sciences Morales & Politiques, Paris 1952. Die deutschsprachige Übersetzung von J. Weidenkampf erschien in: ‚Albert Schweitzer – Genie der Menschlichkeit', Frankfurt 1955, S. 225–239.

IX. „*Das Problem des Friedens in der heutigen Welt*", Rede bei der Entgegennahme des Friedensnobelpreises in Oslo 1954. Aus der Schrift: Albert Schweitzer ‚Das Problem des Friedens in der heutigen Welt', die diesen Vortrag wiedergibt. München 1954.

X. „*Humanität*": Manuskript von Albert Schweitzer 1961 H. W. Bähr übermittelt.

XI. „*Der Weg des Friedens heute*": Der Text wurde von Albert Schweitzer 1963 dem Herausgeber zugeleitet. (Befindet sich bei H. W. Bähr.)
Die Ausführungen aus Schweitzers „Appell an die Menschheit", die als Dokument diesem Text von 1963 vom Herausgeber beigegeben sind, wurden 1957 über Radio Oslo von Albert Schweitzer gesprochen und fanden weite Verbreitung. Der Erstdruck erfolgte 1957 im 11. Rundbrief für den Freundeskreis von Albert Schweitzer, herausgegeben von Richard Kik.

XII. „*Rückblick und Ausblick*" aus: Albert Schweitzer ‚Aus meinem Leben und Denken'. Leipzig 1931, S. 189–211.

*

Die Formulierung der Titel stammt bei den Texten I, IV, VII, VIII, IX, X und XII von Albert Schweitzer. Bei drei Texten, die aus größeren Kapiteln von Schriften Schweitzers in den vorliegenden Band aufgenommen wurden, hat der Herausgeber die Titel für diese Teile eingesetzt, als Begriffe aus den Texten entnommen.

Für die Anordnung der Texte ist die chronologische Reihenfolge gewählt worden. Nur die Texte I und XII sind davon ausgenommen. Sie sind aus thematischen Gründen an den entsprechenden Stellen gebracht.

Das Werk Albert Schweitzers bei C. H. Beck

Gesammelte Werke in fünf Bänden

Herausgegeben von Rudolf Grabs. 1974. 3804 Seiten. Leinen

Selbstzeugnisse

Aus meiner Kindheit und Jugendzeit – Zwischen Wasser und Urwald – Briefe aus Lambarene 1924–1927

Nachdruck 1980. 397 Seiten. Leinen (Beck'sche Sonderausgaben)

Kultur und Ethik

Mit Einschluß von ‹Verfall und Wiederaufbau der Kultur›

Nachdruck 1981. 372 Seiten. Leinen (Beck'sche Sonderausgaben)

Die Weltanschauung der indischen Denker

Mystik und Ethik. 1978. XII, 218 Seiten. Leinen

(Beck'sche Sonderausgaben)

Das Christentum und die Weltreligionen

Zwei Aufsätze zur Religionsphilosophie. Mit einer Einführung von Ulrich Neuenschwander

1978. 125 Seiten (Beck'sche Schwarze Reihe, Band 181)

Straßburger Predigten

Herausgegeben von Ulrich Neuenschwander

1966. VI, 169 Seiten. Leinen

Goethe

Vier Reden. 31. Tausend. 1970. 101 Seiten

Friede oder Atomkrieg

Vier Schriften. Mit einem Vorwort von Erhard Eppler

1981. 100 Seiten (Beck'sche Schwarze Reihe, Band 241)

Verlag C. H. Beck München